RESEARCH BIBLIOGRAPHIES & CHECKLISTS

13

Guía bibliográfica para el estudio crítico de Quevedo

RESEARCH BIBLIOGRAPHIES & CHECKLISTS

R_CB

General editors

A.D. Deyermond, J.R. Little and J.E. Varey

GUÍA BIBLIOGRÁFICA PARA
EL ESTUDIO CRÍTICO DE QUEVEDO

por

JAMES O. CROSBY

Grant & Cutler Ltd
1976

© Grant & Cutler Ltd
1976

ISBN 0 7293 0012 9

ℐ

I.S.B.N. 84-399-6392-0

DEPÓSITO LEGAL : V. 761 - 1977

Printed in Spain by Artes Gráficas Soler, S.A., Valencia

for

GRANT & CUTLER LTD
11, BUCKINGHAM STREET, LONDON, W.C.2.

Editors' Preface

* * *

The aim of this series is to provide research students and scholars with bibliographical information on aspects of Western European literature from the Middle Ages to the present day, in a convenient and accessible form. We hope to supplement, not to supplant, existing material. Single authors, periods or topics will be chosen for treatment wherever a gap needs to be filled and an authoritative scholar is prepared to fill it. Compilers will choose the form appropriate to each subject, ranging from the unannotated checklist to the selective critical bibliography; full descriptive bibliography is not, however, envisaged. Supplements will be issued, when appropriate, to keep the bibliographies up to date.

To Butler Waugh,
who created
a College of Arts and Sciences
in wisdom, humanity, freedom and wit.

Jim

AL INVESTIGADOR Y COLEGA

En un principio pensé que el quid de la bibliografía estaba en la mecanización y en el propósito de exhaustividad. Pero los amigos y los años me han invitado a abrir otra puerta: la localización de los materiales. Esto responde a la realidad del investigador, para quien el artículo inaccesible viene a ser artículo tan irreal como amenazador. También responde a otro hecho innegable, y es que la mayoría de los investigadores, al igual que yo mismo, no disfrutan de una biblioteca universitaria verdaderamente rica.

Al situar los ejemplares de los libros y de los artículos, intento ponerlos al alcance del investigador, sirviéndole de guía en este aspecto y compartiendo con él los datos que me han deparado ya los amigos, ya la suerte, ya el esfuerzo. Naturalmente, tales datos no se han sistematizado de manera mecánica, puesto que reflejan mi viaje profesional: ni he trabajado siempre en una misma biblioteca, ni estaban a mi alcance simultáneamente todos los fondos consultados, ni he podido revisar una por una todas las fichas a la vista de los ficheros de ciertas bibliotecas. Por medio de siglas, indico en cada ficha el lugar donde se ha visto el artículo de referencia, situando el material que me ha parecido de conocimiento limitado (abarca este criterio las más de las fichas, pero excluye revistas como la *Hispanic Review*, la *Revista de Filología Española*, el *Bulletin of Hispanic Studies*, etc). Cuando no he visto ejemplar alguno, consigno en qué repertorio encontré la noticia, y la distingo mediante la indicación "Referencia". Hay como media docena de artículos que ni los he visto, ni he logrado conservar a través de los años la nota de su origen. En estos casos, confieso francamente que "Falta mi referencia". Por añadidura, es un placer ofrecer al público investigador copias fotográficas de los papeles que poseo.

Registro las reseñas de libros y también los resúmenes o reseñas de artículos, pensando que se trata de un material que puede servir al investigador de guía o de fuente de información. Aunque no he podido comprobar personalmente los centenares de reseñas que cito, tampoco me ha parecido provechoso retener por más tiempo toda esta labor para mi uso exclusivo. A modo de ayuda parcial, he agregado al registro de abreviaturas ciertas siglas que sitúan los ejemplares de algunas revistas.

Se incluyen entre las fichas las de una porción de libros y artículos que no tratan de Quevedo en concreto, sino acerca de otro autor (Alemán, Cervantes), de un pintor (Velázquez), de un mito (Hero y Leandro), de un aspecto de la literatura (el estilo, la historia literaria), o de un género (la poesía). Es meridiano que un solo individuo no puede agotar la materia. Pero por otra parte, omitir la mención de tales artículos sería privar al investigador de páginas o capítulos sobre Quevedo que he llegado a conocer, y que se deben a críticos como Alatorre, Ayala, Bataillon, Camón Aznar, Américo Castro, Gili Gaya, Gillet, Marichal, Silverman, Spitzer y otros. Puesto que resulta punto menos que imposible llegar a tal fin por medio de un sistema que incluya o excluya las fichas de manera mecánica, he optado por la selectividad consciente, al servicio de la información, guiándome por la reputación del autor del estudio, por su originalidad o importancia o, simplemente, por su extensión. En estos casos he procurado indicar al investigador qué páginas se refieren precisamente a Quevedo. Espero que no resulte negativo el empleo de más de un criterio para la selección de las fichas, y también que otras personas aporten datos adicionales.

De manera análoga, se registran los prólogos a ediciones de las obras de Quevedo, siempre y cuando ofrezcan al lector los resultados de cierta investigación o interpretación original, que hayan hecho el prologuista o el editor. No se incluyen los prólogos de pura divulgación, pero tampoco se limita el criterio a las ediciones estrictamente críticas, ya que tal rigidez no serviría sino para privar a los lectores de prólogos firmados por José Manuel Blecua, Jorge Luis Borges, Américo Castro y Fernando Lázaro Carreter.

Quedan dos clases de materiales muy difíciles de encasillar, y que se podrían incluir o excluir según el criterio del compilador: las obras literarias sobre Quevedo (poemas, novelas, comedias), y lo que de él dijeron sus contemporáneos en el siglo XVII. Entran aquí en juego un criterio de género, otro cronológico y otro que atañe a la misma índole de la crítica literaria. ¿Incluimos el chisme, los vituperios o los elogios breves y apasionadas cuando se deben a los contemporáneos del autor, pero debemos excluirlos cuando aparecen en siglos posteriores? ¿Podemos hacer una separación tajante entre los juicios críticos del siglo XIX, y los retratos literarios de Quevedo pertenecientes a la misma época?

He optado a la postre por excluir las notas publicadas sobre Quevedo en el siglo XVII, y dar a luz en otra ocasión las que he reunido. Este material presenta problemas bibliográficos mucho más complicados que los de la crítica moderna, y requiere una presentación de otro tipo. Por lo demás, no se trata de interpretaciones verdaderamente críticas de su obra, sino de breves opiniones personales, muchas veces tan rotundas como intransigentes. De hecho, los teorizantes españoles del siglo XVII se dedicaron a estudiar a Garcilaso y a Góngora, sin que merecieran su atención Cervantes ni Quevedo.

En cambio, incluyo las fichas de las obras de creación literaria sobre Quevedo, ya que son productos coetáneos con la crítica registrada, y que a menudo fueron objeto a su vez de repetidos estudios, como sucede con las respectivas comedias de Eulogio Florentino Sanz y Alejandro Casona. Además, hay juicios en verso tan finos y meditados como los nueve poemas de Jorge Guillén (el último, titulado "Quevedo", encierra todo un mundo de interpretaciones críticas); o bien la crítica de un genio poético tan familiarizado con Quevedo como Pablo Neruda, se completa con una breve antología compilada por él mismo.[1]

No es posible precisar el *terminus ad quem* de la serie de fichas que sigue, ya que provienen de fuentes tan numerosas como diversas, y están en juego elementos tan variados como la fecha de publicación (algunos números han tardado cuatro años en publicarse), la catalogación por los bibliotecarios, las suscripciones de las bibliotecas a mi alcance, y la demora generalmente larga en confeccionar reseñas de libros y artículos. Como botón de muestra, registro a continuación el último número aprovechado de ciertas bibliografías y de ciertas "revistas de revistas": *BHS*, t. LII, núm. 2 (1975); *BICC*, XXIX, núm. 3 (sept. - dic., 1974); *CuH*, núms 292-294 (oct. - dic., 1974); *IHE*, XX (1974); *LR*, XXVII, núm. 3 (1973); *1973 MLA Int'l Bibl.* (1975); *NRFH*, XXIV, núm. 2 (1975); *RFE*, LVI, cuadernos 1-2 (1973); *RLit*, XXXVII (1970); *YWMLS*, XXXV (1973; publicado en 1975). Sugieren estos datos que el *terminus ad quem* para los artículos y libros que todavía no se han reseñado es de 1973 a 1974; y para los que ya se han reseñado, datará de 1965 a 1973.

En materia de poemas atribuidos a Quevedo, me he guiado por la edición que ha hecho José Manuel Blecua de la *Poesía original* (Barcelona, 1968). Es una versión revisada y mejorada de la primera de 1963, y más asequible que la de cuatro tomos (Madrid, 1969 y ss). En cuanto a las atribuciones citadas a continuación, no hay discrepancias entre las ediciones de 1968 y 1969.

Las siglas de las bibliotecas no se han confeccionado ajustándose a un criterio de sistematización alfabética (todas de tres letras, todas de letras mayúsculas, etc.), sino atento al propósito de evitarle al lector, en lo que cabé, la necesidad de recurrir al Registro de siglas. Por lo tanto, algunas son tradicionales (CSIC); otras, por su frecuencia, se han abreviado mucho (I); y otras, más raras, que representan bibliotecas poco conocidas, se sintetizan menos (Univ. de Miami). Las siglas de revistas, en cambio, se ajustan en lo posible a las ya tradicionales formulaciones de la *Nueva Revista de Filología Hispánica* y de la Modern Language Association of America. De nuevo he procurado reducir la cantidad de siglas, para que en las mismas fichas encuentre el lector los más de los datos que necesita, sin tener que recurrir repetidamente a los registros. Por esto no se abrevian los títulos de ciertas revistas (*Hispanófila, Romance Notes, Romanic Review,* y otras), y se repiten a veces en las fichas y en los registros ciertos datos sobre la situación de los ejemplares.

He procurado identificar en la medida de lo posible las obras de Quevedo que son objeto de un estudio determinado. Cuando el título de un artículo indica que trata de una obra específica, pero no la nombra, se ha agregado a la ficha una identificación (véase por ejemplo, J.L. Borges, "Un soneto de Quevedo"). Y se han recogido luego en un "Índice de las obras de Quevedo" estas identificaciones, más las de los títulos de otros artículos. Sin embargo, no ha sido posible registrar uno por uno en dicho índice todos los poemas comentados en estudios de tanto valor y envergadura como los de Dámaso Alonso y Amédée Mas, ni en otros más extensos y generales como los de Mérimée y Alborg.

Por la forma de presentación, esta bibliografía es una especie de índice por orden alfabético de críticos. Sin embargo, muchas de las fichas contienen referencias a diversos autores y obras en relación con Quevedo. Este material representa un caudal valioso de juicios comparativos, que he recogido en un "Índice onomástico", con el propósito de ponerlo al alcance del lector. Las propias fichas sugieren que se recojan también las referencias a algunos temas, géneros y movimientos literarios, como son por ejemplo América, el Barroco, el Estoicismo, el Helenismo, y el Teatro de Quevedo; y que por su amplitud se excluyan otras (la Muerte, la Poesía, la Política, la Sátira, etc.). No se registra el contenido de los libros y artículos sobre Quevedo: se limita el Índice a los nombres y títulos mencionados de manera específica en las fichas.

El tercer índice comprende los nombres de quienes han reseñado libros acerca de Quevedo o ediciones de sus obras. Mi propósito es perfilar el conjunto de las opiniones que se han expresado en ambos campos, y facilitar asimismo al investigador el acceso al mundo de los pensamientos, las valoraciones y los juicios sobre la crítica de Quevedo. Esta crítica, por lo demás, ha suscitado unas valoraciones y unas controversias tan intensas, que se hace necesario un índice divulgador. Con la excepción de ciertas reseñas notables y anteriores al año 1927, se trata de medio siglo de juicios sucesivos, que a veces dependen unos de otros, o bien anuncian el futuro rumbo de la crítica, señalando los problemas de solución pendiente, las posibilidades inmediatas y la tarea por realizar.

Al investigador y colega

Como ante todo importa el aspecto valorativo, quedan excluidos los extractos de artículos que algunas publicaciones ofrecen a título de información, ya que por su índole descriptiva y abreviada no brindan al crítico el fundamento necesario para realizar un análisis, desarrollar una idea u obtener la interpretación de ciertos datos. De igual modo se omiten las referencias bibliográficas que no pasan de resúmenes de contenido (tipo *Books Abroad* o *Índice Histórico Español*), de indudable utilidad pero en otro aspecto. Por último, el material queda limitado a los libros y ediciones que se ocupan por entero de Quevedo, rechazándose los que tan sólo le dedican un capítulo o dos. Sin embargo, y con carácter excepcional, se han incorporado unas cuantas reseñas de artículos, y otras de las referidas revistas o de *Year's Work in Modern Language Studies*, cuando lo pide el contenido interpretativo de la reseña, o las otras contribuciones que haya hecho el autor de la reseña, a los estudios sobre Quevedo.

Es un verdadero placer expresar mi profundo agradecimiento a los que en diversas ocasiones me han ofrecido sugerencias atinadas e información valiosa: Antonio Alatorre, Marilyn Bouma, Caroline L. Crosby, Elizabeth A. Crosby, Henry Ettinghausen, Otis H. Green, Pablo Hernández, Fernando Lázaro Carreter, Raimundo Lida, Felipe C.R. Maldonado, Elias L. Rivers, Arnold Rothe, Joseph H. Silverman, Gabriel Valdés, Edward M. Wilson, y Florence L. Yudin. Al Graduate College de la Universidad de Illinois debo el apoyo material que me permitió emprender y dar forma a esta obra. Y a Butler H. Waugh, Decano del College of Arts and Sciences de la Florida International University, y a Florence L. Yudin, Jefe del Departamento de Lenguas Modernas de la misma Universidad, les debo las facilidades que me prestaron para completar la obra.

James O. Crosby

Florida International University,
Miami, Florida

Solsticio de verano, 1975

---

1 Para Amado Alonso, Quevedo era el "antepasado poético más directo" de Neruda, y "quizás el poeta clásico más querido de Neruda" (*Poesía y estilo de Pablo Neruda*, Buenos Aires, 1968, p. 317, n. 76, y p. 352).

REGISTRO DE SIGLAS DE BIBLIOTECAS

En las fichas, estas siglas se distinguen de las otras por llevar siempre la indicación "ej:" ("ejemplar, ejemplares:").

BN	Biblioteca Nacional de Madrid
C	Colección de J.O. Crosby
CSIC	Biblioteca del Consejo Superior de Investigaciones Científicas, Madrid
Cornell	Cornell University Library, Ithaca, New York, USA
D	Dartmouth College Library, Hanover, New Hampshire, USA
F	Fundación Lázaro Galdeano, Calle Serrano, Madrid
Florida	International University - (está situada en) Miami, Florida, USA
H	Hemeroteca Municipal, Madrid
Harvard	Widener Library, Harvard University, Cambridge, Massachusetts, USA
I	University of Illinois Library, Urbana, Illinois, USA
N	New York Public Library, 42nd Street and Fifth Avenue, New York City, USA
Univ. de Miami	University of Miami Library, Coral Gables, Florida, USA
W	Library of Congress, Washington D.C., USA
Y	Yale University Library, New Haven, Connecticut, USA

SIGLAS
DE LUGARES DE IMPRESIÓN DE LIBROS
Y REVISTAS

B	Barcelona
BA	Buenos Aires
M	Madrid

REGISTRO DE SIGLAS DE REVISTAS

ABC   (diario de Madrid)   H

BAAL   *Boletín de la Academia Argentina de Letras* (BA)   I, Y, BN

BBMP   *Boletín de la Biblioteca de Menéndez Pelayo* (Santander) Y, BN

BHi   *Bulletin Hispanique* (Burdeos)   I

BHS   *Bulletin of Hispanic Studies* (Liverpool)   I, Y, D

BICC   *Thesaurus: Boletín del Instituto Caro y Cuervo* (Bogotá) I, BN

BRAE   *Boletín de la Real Academia Española* (M)   I, BN

CuH   *Cuadernos Hispanoamericanos* (M)   F, D

DA   *Dissertation Abstracts* (Ann Arbor, Michigan)   I

DAI   *Dissertation Abstracts International* (Ann Arbor, Michigan)   I

Fil   *Filología* (BA)   I, Harvard

H   *Hispania* (USA)   I

HR   *Hispanic Review* (Filadelfia, Pennsylvania)   I, Y

IHE   *Índice Histórico Español* (B)   I, F

Íns   *Ínsula* (M)   I

LR   *Les Lettres Romanes* (Lovaina)   D

Med   *Mediterráneo* (Valencia)   I, C

MLA   Modern Language Association of America (Nueva York)

MLA Int'l Bibl.   *MLA International Bibliography* (Nueva York)

MLJ   *Modern Language Journal* (Boulder, Colorado)   I

MLN   *Modern Language Notes* (Baltimore, Maryland)   I, Y

MLR   *Modern Language Review* (Modern Humanities Research Assoc., Inglaterra)   I, Y

Nac   *La Nación* (diario de Buenos Aires)   D

NRFH   *Nueva Revista de Filología Hispánica* (México)   I, Y, D

PMLA   *Publications of the Modern Language Association of America* (Nueva York)   I, Y, D

Registro de siglas de revistas

PSA	*Papeles de Son Armadans* (Palma de Mallorca) I, F
QIA	*Quaderni Ibero-Americani* (Turín) I, Harvard
RABM	*Revista de Archivos, Bibliotecas y Museos* (M) Y, BN
RBAMAM	*Revista de la Biblioteca, Archivo y Museo del Ayuntamiento de Madrid* D, Y, BN
RdA	*Revista de América* (Bogotá) I, Y
RdI	*Revista de las Indias* (Bogotá) I, Y
REP	*Revista de Estudios Políticos* (M) BN
RF	*Romanische Forschungen* (Colonia) I, Y, D
RFE	*Revista de Filología Española* (M) I, F
RFH	*Revista de Filología Hispánica* (BA) I
RHi	*Revue Hispanique* (París) I, Y, BN
RHM	*Revista Hispánica Moderna* (Nueva York) I, Y
RLit	*Revista de Literatura* (M) D, F
YWMLS	*Year's Work in Modern Language Studies* (Modern Humanities Research Assoc., Inglaterra) I, Y, Harvard

GUÍA BIBLIOGRÁFICA
PARA EL ESTUDIO CRÍTICO DE QUEVEDO

1   Abril, Xavier. "Francisco de Q y César Vallejo", *Alfar* (Montevideo), núm. 91 (1956).
Referencia: *NRFH*, XI (1957), 498, núm. 29.036.

2   Aguado, Emiliano. *Francisco de Q. Su vida, sus mejores páginas, su época* (M, 1962), 290pp. ej: I, BN, Harvard

3   Agüera, Victorio G. "Notas sobre las burlas de Alcalá de *La vida del Buscón llamado Pablos*", *Romance Notes*, XIII (1971-2), 503-6. ej: C

4   —. "Nueva interpretación del episodio 'Rey de gallos' del *Buscón*", *Hispanófila*, núm. 49 (1973), 33-40.

5   Aguilera, Ignacio. "Sobre tres romances atribuidos a Q", *BBMP*, XXI (1945), 494-523. ej: C, Y, BN
Sobre los romances "A recoger los sentidos", "Desdicha, hermosura, y novia", y "El alba, Marica".

6   Aguirre Asurmendi, Máximo. "La oración subordinada en Q". Tesis de la Univ. de Murcia, 1959.
Referencia: *NRFH*, XVIII (1965-6), p. 347, núm. 18-4000.

7   Aguirre Prado, Luis. "Q jurista", *Revista de la Escuela de Estudios Penitenciarios*, núm. 25 (1947), 8-15. ej: H

8   Ahriman (pseudónimo). "Los Quixotes y los Sanchos. Diálogo de Ultratumba . . . Interlocutores, Cervantes y Q, que hacen excursiones satíricas muy intencionadas a los Quixotes y Sanchos de nuestra época", *Ilustración de Madrid* (M), núm. 41 (1871), 267-70; núm. 42 (1871), 283-6. ej: BN

9   Alarcos García, Emilio. *Homenaje al Profesor Alarcos García.* I: *Sección Antológica de sus escritos* (Valladolid, 1965), 685pp. ej: C
Contiene los artículos registrados a continuación: "El dinero", "El 'Poema' ", "Q y la parodia", "Un manuscrito", y "Variantes".

10 ——. *El dinero en las obras de Q* (Valladolid, 1942), 95pp. Discurso de apertura del curso 1942-1943 de la Universidad de Valladolid. ej: C, BN
También en su libro, *Homenaje*, pp. 375-442.

11 ——. "El *Poema heroico de las necedades y locuras de Orlando el Enamorado*", *Med*, IV (1946), 25-63. ej: C, I
También en su libro, *Homenaje*, pp. 341-74.

12 ——. "Q y la parodia idiomática", *Archivum* (Oviedo), V (1955), 3-38. ej: C, I
Reseña: Molas Batllorí, J., *IHE*, II (1955), 399, núm. 10.638(ej: I). También en su libro, *Homenaje*, pp. 443-72.

13 ——. "Un manuscrito de las *Lágrimas de Jeremías castellanas*", *Revista de Bibliografía Nacional* (M), II (1941), 51-63. ej: C, I, BN
También en su libro, *Homenaje*, pp. 473-84.

14 ——. "Variantes de una poesía de Q", *Boletín del Seminario de Estudios de Literatura y Filología* (Valladolid), I, fascículo 1 (1940-1).
Sobre las *Lágrimas de Jeremías castellanas*. También en su libro, *Homenaje*, pp. 485-9, y en *Castilla* (Valladolid), I (1943), 143.

15 ——. "Don Quixote visita a don Francisco", *Norte de Castilla* (Valladolid), 16 de julio, 1933, Sección titulada "Nugaglia".
Referencia: su libro, *Homenaje*, p. [687]. Como no hemos visto este artículo, no podemos afirmar que trate de Q; muy posiblemente trate de otra persona.

16 Alatorre, Antonio. "Fortuna varia de un chiste gongorino", *NRFH*, XV (1961), 483-504.
Sobre Q, pp. 487-9, con referencia a los poemas, "Salió trocada en menudos", "Ya que al Hospital de Amor", "Señor don Leandro", y el baile "Los nadadores", que empieza "El que cumple lo que manda".

17 ——. "Los romances de Hero y Leandro", *Libro jubilar de A. Reyes* (México, 1956), pp. 1-41. ej: I
Sobre las versiones de Q y otros poetas. Reseñas: Atkinson, W.C., *MLR*, LIII (1958), 602-3. Bertini, G.M., *QIA*, III (1957), 384-5. Hennes, *LR*, XII (1958), 335-6. *YWMLS*, XIX (1957), 196.

18 ——. "Q, Erasmo y el Doctor Constantino", *NRFH*, VII (1953), 673-85. ej: C
Sobre las fuentes de dos páginas de *La cuna y la sepultura*. Reseñas: Molas Batllorí, J., *IHE*, I (1953-4), 669, núm. 6139. Pues, F., *LR*, IX (1955), 322-3. *YWMLS*, XV (1953), 158.

19 Alberti, Rafael. "Don Francisco de Q, poeta de la muerte",
    Revista Nacional de Cultura (Caracas), XII (1960), 6-23. ej: I
    Reseñas: Beltrán Carrión, D., *IHE*, VI (1960), 504, núm. 37.887. Groult, P.,
    LR, XVII (1963), 61. *YWMLS*, XXIII (1961), 168.

20 Alborg, Juan Luis. "Q", en su libro, *Historia de la literatura
    española*. Tomo II: *Epoca barroca* (M, 1967), capítulo XI,
    pp. 591-659. ej: BN
    Reseña: Díaz Larios, L.F., *IHE*, XIII (1967), 92-3, núm. 64.860. Con-
    tiene el libro un estudio minucioso de Q.

21 Alcázar Molina, Cayetano. "La barba en el siglo XVII, comen-
    tada por Q", *Correo Erudito* (M), II (1941), p. xxx. ej: F

22 Alcina Franch, J. *La vida del Buscón llamado Don Pablos* (texto
    según la edición de F. Lázaro Carreter), (B, 1968), 288pp. ej: C

23 Alemany, José. "Acerca del origen de una *M*", *BRAE*, XII
    (1925), 674-83.
    Estudio filológico fundado en buena parte sobre citas de Q.

    Alemany, Vicente. Véase Retana, W.E.

    Almeida Esteves, M.H.F. de. Véase Frascione de Almeida Esteves,
    Maria Helena.

24 Allué y Morer, F. "En versos de diamantes", *Poesía Española*
    (M), segunda época, núm. 110 (1962), 22-5. ej: BN
    Sobre Q, pp. 22-3.

25 Alonso, Amado. "Sentimiento e intuición en la lírica", *Nac.*
    (BA), núm. 24.654, 2ª sección (3 de marzo, 1940), 1-2. ej: D
    También en Alonso, *Materia y forma en poesía* (M, 1955), 11-20. Sobre
    el soneto "Cerrar podrá mis ojos la postrera". Reseña del artículo: *YWMLS*,
    XVII (1955), 198.

26 Alonso, Dámaso. "Dos calas en el estilo de Q", en su libro *Poesía
    española: Ensayo de métodos y límites estilísticos* (M, 1950),
    apéndice VI, pp. 661-9.
    Sobre la atribución del soneto "Piedra soy en sufrir pena y cuidado".
    Véase la ficha que sigue.

27 ——— . "El desgarrón afectivo en la poesía de Q", en su libro
    Poesía española: Ensayo de métodos y límites estilísticos (M,
    1950), 531-618; también (M, 1952), 497-580; y 1957, 1962 y
    1966.
    Para las reseñas, véase Fernando Huarte Morton, "Bibliografía de Dámaso
    Alonso", *PSA*, XI (1958), 506-7; registramos a continuación unas pocas

que no aparecen en dicha lista, o que se pueden completar: Arce, J., *Rivista di Letterature Moderne* (Florencia), núm. 1 (1952). Beau, Albin Eduard, *Revista Portuguesa de Filosofía* (Braga), VI (1953-5), 313-18. Bousoño, C., *CuH* (M), VII (1951), 113-26 (sobre Q: 125-6). Páez Patiño,R. *BICC*, VIII (1952), 224-8. Paladini, M.D., *Humanitas* (Tucumán), I (1953), 313-17.

28 ——. "La angustia de Q", *Íns*, V, núm. 60 (dic. de 1950), pp.1-2. ej: C

También refundido en su libro, *Poesía española*, con el título "El desgarrón afectivo en la poesía de Q"; véase la ficha anterior.

29 ——. "Sonetos atribuidos a Q", en su libro *Ensayos sobre poesía española* (M, 1944); también (Buenos Aires, 1946), pp. 175-88. ej: C, I

También *Correo Erudito* (M), I (1940), 204-8. Sobre los sonetos "Mal haya aquel humano que primero", "Tú, rey de ríos, Tajo generoso", "Piedra soy en sufrir pena y cuidado", y "En tierra sí, no en fama, consumida". Para las reseñas, véase la bibliografía de Alonso citada anteriormente, y agréguese una: Groult, P., *LR*, IV (1950), 65-7.

30 Alonso, Martín. "Q y la envidia", *ABC* (M), núm. 20.940 (9 de mayo, 1973), p. 23. ej: C

31 Alonso Cortés, Narciso. "Dos escritos de Q", *La España Moderna* (M), año XXIII (1919), núm. 266, pp. 90-106 (Son la "Carta del Cardenal César Baronio a Felipe III", y la "Sátira contra los venecianos"). ej: I, BN

También en el *Boletín de la Sociedad Castellana de Excursiones*, V (1911-12), 319-27, con notas sobre el escrito "Grandes anales de quince días".

32 ——. "El romance de Q a Valladolid", *Med*, IV (1946), 64-75. ej: C, I

Sobre el romance, "No fuera tanto tu mal".

33 ——. "Q en el teatro", *RBAMAM*, V (1929), 1-22 (Sobre Q en el teatro español del siglo XIX). ej: BN

También en su libro, *Q en el teatro y otras cosas* (Valladolid, 1930), pp. 5-43. ej: BN, D, C

Contiene referencias a obras dramáticas sobre Q, y a crítica sobre éstas, pero como falta toda documentación, excede a los límites del presente trabajo registrar tales referencias. Reseñas: Alarcos García, Emilio, *RFE*, XX (1933), 308-10. Artiles, J., *Sol* (M), 10 de enero, 1931. Eguía Ruiz, Constancio, *Razón y Fe* (M), XCVI (1931), 393-4. Sarrailh, Jean, *BHi*, XXXIII (1931), 362-3.

34 ——. "Sobre *El Buscón*", *RHi*, XLIII (1918), 26-37. ej: C, I, BN
También en su libro, *Jornadas: Artículos varios* (Valladolid, 1920),
pp. 107-20. ej: I

35 ——. "Un nuevo dato para la biografía de Q", *Revista contemporánea* (M), año XXVIII, tomo CXXV (julio-dic., 1902), 147-50.
ej: H, BN, N
Sobre los estudios de Q en Valladolid. Reseña: Araujo, Fernando, *La España Moderna* (M), XIV (1902), 194-5.

36 ——. *Noticias de una corte literaria* (M y Valladolid, 1906),
168pp. ej: BN
Noticias de Q en Valladolid, pp. 48-62. Reseñas: Subirá, José, *Revista Contemporánea* (M), CXXXII (1906), 249-51. Mérimée, E., *BHi*, VIII (1906), 209-11.

37 Álvarez, Guzmán. [Dos capítulos sobre el *Buscón*], en su libro,
El amor en la novela picaresca española (La Haya, 1958),
pp. 71-81, y 146-51. ej: Harvard

38 Álvarez Blázquez, X.M. Traducción y notas de *O soño das calaveras. O algoacil algoacilado* (Vigo, 1968), 46pp.
Referencia: *NRFH*, XX (1971), 587, núm. 20-7930.

39 Álvarez y Baena, José Antonio. "Don Francisco Gómez de Q y
Villegas", en su *Hijos de Madrid* (M, 1790), II, 137-54. ej: BN

Amezúa, Agustín González de. Véase González de Amezúa,
Agustín.

Andrea, Peter Frank de. Véase Frank de Andrea, Peter.

40 Andrews, J. Richard, y Silverman, Joseph H. "A New Anthology
of Spanish Poetry", *Modern Language Forum*, XLI (1956),
99-107. ej: Harvard
Es reseña extensa del libro de Eleanor Turnbull, *Ten Centuries of Spanish Poetry*. En las pp. 104-6, comentan Andrews y Silverman dos sonetos de Q: "¡Ah de la vida . . . " y "Miré los muros . . . ".

41 ——. "Two Notes for Lope de Vega's *El castigo sin venganza*",
Bulletin of the Comediantes, XVII (1965), 1-3. ej: C
Sobre Q, pp. 1 y 3.

42 Anónimo. "Anécdota histórica. Episodio de la vida de un gran
poeta", *Semanario Pintoresco Español* (M), XI (1846), 379-82.
ej: BN
Relato literario de un supuesto desafío entre Q y un militar que había abofeteado a una dama en un templo.

43 ——. "Combate a sonetos entre Góngora, Lope y Q", *Bol. de la Acad. de Ciencias, Bellas Letras y Nobles Artes* (Córdoba), XXII (1951), 161-3. ej: I
El *romance* "Poeta de ¡Oh, qué lindicos! ", de Q; dos sonetos de Lope, uno de Góngora, y doce líneas de comentario.

44 ——. "Dos cartas inéditas de Q", *RABM*, tercera época, IX (1903), 177-80. ej: D, F
Son las cartas fechadas el 21 de nov., 1615, y el 13 de abril, 1616.

45 ——. "Francisco de Q: Breve semblanza del rey D. Felipe III", *La Ciudad de Dios* (San Lorenzo del Escorial), CL (1927), 403.

46 —— [Lámina, con el título que sigue:] "Arquilla-escritorio del insigne poeta D. Francisco de Q y Villegas, propiedad del Ayuntamiento de Tortosa", *Almanaque de la Ilustración* (M), VII (1880), 79. ej: F

47 ——. "La tumba apócrifa de Q", *ABC* (M), 21 de dic., 1945. ej: C

48 ——. *Nueva historia de las aventuras del ingenioso poeta don Francisco de Q y Villegas* (M, s.a. [siglo XIX]), 23pp. ej: C

49 ——. "Poesías inéditas de Q", *Revista Española de la Literatura, Historia y Arte* (M), I (1901), 7-8, y 46-8. ej: BN

50 ——. "Q y las autonomías regionales", *Boletín del Instituto Americano de Estudios Vascos* (BA), XXXIV (1958), 125-7. ej: I
Contraste entre el concepto que tenía Q del regionalismo, en su *Rebelión de Barcelona*, y el de Ginés de Sepúlveda, en su *Historia de España*.

51 ——. "Sobre la necedad y la muerte", *El Hijo Pródigo*, IX, núm. 20 (sept., 1945), 168-77. ej: I
Prólogo de dos párrafos, más ed. del *Origen y definiciones de la necedad* de Q, y de la carta numerada 134 en el *Epistolario*, ed. de Astrana.

52 ——. "Variedades", *RABM*, tercera época, VI (1902), 502. ej: F
Noticia de una estatua de Q en Madrid.

——. Véase Serrano y Sanz, Manuel.

53 Apraiz, Julián. "Apuntes para una historia de los estudios helénicos en España", *Revista de España* (M), XLI-XLVII (1874-5).
Noticias de las traducciones que hizo Q del pseudo-Focílides, y de Ana-

creonte, Aquiles Tacio, y Epicteto, en el t. XLVI, pp. 97, 102, 520; t. XLVII, pp. 377-8, 384.

54   Aragonés, Juan Emilio. "El *Q* de Casona", *La Estafeta Literaria* (M), núm. 284 (1964).
Referencia: *NRFH*, XVIII (1965-6), 632, núm. 18-6818. M.T. Halsey, núm. 490 a continuación, cita el núm. 304 de *La Estafeta*, del 7 del nov., 1964, p. 14. Véase también el núm. 218.

54bis   Arango, Celso. *El zumbido de Q* (Palma de Mallorca, 1973), 38pp. Prólogo de Pedro Laín Entralgo. ej: BN

55   Aranguren, José Luis. "Comentario a dos textos de Q", *Revista de Educación* (M), X (1955), 59-67. ej: BN
Reseña: Campo, S. del, *REP* (M), LIV (1955), 236. ej: BN

56   ——. "Lectura política de Q", *REP* (M), XXIX (1950), 157-67. ej: C, BN, I

57   Araujo, F. "¿Dónde estudió Q?" *La España Moderna* (M), tomo CLXVII (nov., 1902), 194-5. ej: BN, I
La demanda de un médico vallisoletano, Fernando Miraval, contra Q.

58   Araujo-Costa, Luis. "Q", *ABC* (M), núm. 13.872 (18 de agosto, 1950), p. 1. ej: C, H

59   Arciniegas, Germán. Prólogo a su ed. de las *Obras escogidas de Q* (B., 1951), xxxv, 432pp. (Clásicos Jackson, t. XIV). ej: BN
También B., 1960 (Clásicos Éxito, t. XIV). ej: BN
Contiene poesías, *La hora de todos, Política de Dios, Marco Bruto*, y los *Sueños*.

60   ——. "Q, pintura de España", *RdA*, XII (1947), 147-64. ej: I, Y

61   Arco y Garay, Ricardo del. "Estimación española del Bosco en los siglos XVI y XVII", *Revista de Ideas Estéticas*, X (1952), 417-33. ej: F
Reseña: Pérez Ballester, J., *IHE*, I (1953-4), 66, núm. 632. Sobre "las relaciones posibles entre el Bosco y Q", pp. 421, 424-6.

62   Armiñán Odriozola, Luis de. "Q", en su libro, *El Gran Duque de Osuna* (M, 1948), pp. 151-63. ej: C

Arnaud, Émile. Véase Torres Villaroel, Diego de.

63   Artigas, Miguel. Prólogo a su ed. de Q, *Teatro inédito* (M, 1927), lxxx, 252pp. ej: C
Reseña: Bell, Aubrey F.G., *Litteris. An International Critical Review*

of the Humanities (Lund, Suecia), V (1928), 203-11. ej: I

64 Asensio, Eugenio. "Hallazgo de *Diego Moreno*, entremés de Q, y vida de un tipo literario", *HR*, XXVII (1959), 397-412.
Reseñas: *YWMLS*, XXI (1959), 177. Argente Giralt, J., *IHE*, VI (1960), 125, núm. 34.876. Groult, P., *LR*, XV (1961), 267. Valderrama Andrade, C., *BICC*, XV (1960), 338-9.

65 ———. "Q entremesista" (pp. 177-245), y "Cinco entremeses inéditos de Q" (pp. 253-364), en su libro, *Itinerario del entremés desde Lope de Rueda a Quiñones de Benavente* (M, 1965), 374pp. ej: C
También (M, 1971). Reseñas: Amorós, *CuH*, LXIV (1965), 622-5. Ares Montes, J., *RFE*, XLVIII (1965), 427-30. Bergman, H., *MLN*, LXXXII (1967), 250-6. Esquer Torres, *Segismundo* (M), I (1965), 430-1 Mas, A., *BHi*, LXIX (1967), 230-3. Wilson, E.M., *BHS*, XLIV (1967), 59-61. *YWMLS*, XXVII (1965), 200.

Astiazarán, Gloria C. Véase Caballero Astiazarán, Gloria.

66 Astrana Marín, Luis. "Consideraciones finales sobre *El Buscón*", *El Imparcial* (M), 22 de mayo, 1927 (año LXI, núm. 21.016), p. 5. ej: H
Continuación de su ataque contra la ed. de Castro del año 1927; véase Astrana, "Otro texto . . .", y también el núm. 842.

67 ———. "Don Francisco en las tablas", Cap. XXII de su libro *Cervantinas y otros ensayos* (M, 1944), pp. 145-8. ej: I

68 ———. "Don Francisco de Q Villegas", *Historia general de las literaturas hispánicas*, ed. G. Díaz Plaja (B, 1953), III, 497-563. ej: I
Reseñas: Comas Pujol, A., *IHE*, I (1953-4), 304, núm. 2802. Lida de Malkiel, M.R., *NRFH*, VI (1952), 390-3 (pero habla sólo del t. I, no del III). *YWMLS*, XV (1953), 158.

69 ———. [Dos artículos sobre la paternidad del] "*Arancel de necedades*", *Las noticias* (B), 17 y 19 de mayo, 1921.
Referencia: Antonio Palau y Dulcet, *Manual del librero hispanoamericano*, t. VI (B., 1923), s.v. Quevedo.

70 ———. "El gran poema de amor de Q", en su libro *El cortejo de Minerva* (M, 1930), pp. 45-50. ej: BN, W, C

71 ———. *El gran señor de la Torre de Juan Abad*, en la serie *La Novela del Sábado*, I, núm. 27 (18 de nov., 1939), 81pp. ej: C, I, BN
Autobiografía imaginaria de Q.

72 ——. "El sillón de don Francisco de Q", *La Libertad* (M), 7 de mayo, 1933, p. 5. ej: H

73 ——. *Ideario de don Francisco de Q* (M, 1940), 247pp. ej: C, I, Harvard

74 ——. "La locura de Montalbán", Cap. XXIII de su libro *Cervantinas y otros ensayos* (M, 1944), pp. 149-51. ej: I

75 ——. *La vida turbulenta de Q* (M, 1945), 622pp. ej: C, I, BN, Harvard
Biografía detallada de Q, pero sin documentación. Reseñas: Cruzado García, Javier, *BBMP*, XXI (1945), 537-44. *Bibliografía Hispánica*, IV (1945), 517-18.

76 ——. *Las profanaciones literarias: El libro de los plagios: Rodríguez-Marín, Cejador, Casares, Villaespesa, Martínez Sierra y otros* (M, s.a. [1920]), 260pp.
Falta mi referencia.

77 ——. Prólogo a su ed. de Mateo de Lisón y Biedma, *El Tapaboca, que azotan*, en su libro, *La vida turbulenta de Q* (M, 1945), pp. 579-81.

78 ——. "Los médicos bajo la pluma del Señor de la Torre de Juan Abad", *La Ilustración Española y Americana* (M), año LXI (1917), pp. 611, 659, y 691. ej: H

79 ——. "Los últimos días del gran polígrafo [Q]", Cap. XXI de su libro *Cervantinas y otros ensayos* (M, 1944), pp. 141-4. ej: I

80 ——. "Otro texto de '*El Buscón*'", *El Imparcial* (M), 15 de mayo, 1927 (año LXI, núm. 21.010), p.6. ej: H
Ataque contra la ed. de Castro del año 1927, continuado por Astrana en sus "Consideraciones finales . . .". Véase el núm. 842.

81 ——. *Q, el gran satírico* (M, 1946), 47 hojas (Biografías Amenas de Grandes Figuras, serie I, tomo X). ej: C, I, BN
También M, 1955. ej: C, Harvard

82 ——. "Q, genio universal", *La Ilustración Española y Americana* (M), año LXI (1917), pp. 298, y 327. ej: H

83 ——. "Q jurista", *La Ilustración Española y Americana* (M), año LXII (1918), p. 472. ej: H

84 ——. Prólogo y notas a su ed. de Q, *Epistolario completo* (M,

1946), xlix, 834pp. ej: C
Incluye 7 apéndices, y una bibliografía de ediciones de las obras, y de la crítica, pp. 509-834. Reseña: Hornedo, Rafael María de, *Razón y Fe*, CXLI (1950), 215.

85 ——. Prólogo y notas a su ed. de Q, *Obras completas en prosa* (M, 1932), xxviii, 1620pp. ej: C, I, BN
También (M, 1941), y (M, 1945). Reseñas: véanse las *Obras en verso*, ed. de Astrana.

86 ——. Prólogo, notas y apéndices a su ed. de Q, *Obras completas en verso* (M, 1932), lxxi, 1579pp. ej: C, I
También (M, 1943), (M, 1952). Reseñas: Williams, R.H., *HR*, II (1934), 249-56. Castro, A., *RFE*, XXI (1934), 171-8.

87 ——. Prólogos en su ed. de las *Obras maestras de Q* (M [¿1923?], xi, 858pp. ej: I
Sendos prólogos al *Marco Bruto, La hora de todos, El infierno enmendado*, y la *Casa de locos de amor*; y dos estudios: "Q, Shakespeare y Voltaire: Visión comparada de la figura de Marco Bruto" [pp. 22-53; también en su libro *El cortejo de Minerva*; véase a continuación], y "Un comento satírico", pp. 823-6.

88 ——. "Q satírico", *La Ilustración Española y Americana* (M), año LXI (1917), pp. 355, 438, y 586. ej: H

89 ——. "Q, Shakespeare, Voltaire: Visión comparada de la figura de Marco Bruto", en su libro *El cortejo de Minerva* (M, 1930), pp. 143-72. ej: BN, W, C
También en su libro *Obras maestras de Q*.

90 ——. *Q y su época* (M, 1925). ej: I

91 ——. "Sobre don Francisco de Q", *Norte: Revista Hispano-Americana* (México), núm. 196 (1963), 57-9. ej: C
Documentos biográficos tempranos sobre Q. Reseña: Beltrán Carrión, D., *IHE*, XI (1965), 436, núm. 58.764.

92 ——. "Una carta inédita de Q", *El Imparcial* (M), 29 de marzo, 1925 (año LIX, núm. 20.344), p. 5. ej: H, I
Texto de una carta a Pedro Pacheco, el 5 de abril, 1634, y notas sobre la fecha de la *Virtud militante*.

93 ——. "Una investigación en el Archivo de San Ginés: Hallazgo de documentos inéditos sobre Q", *El Imparcial* (M), 21 de dic., 1924 (año LVIII, núm. 20.260), p. 5. ej: H, I

94 ——. "Un consejo de Quevedo", en su libro *Gente, gentecilla*

y gentuza: críticas y sátiras (M [¿1922?]), pp. 167-72. ej: I
Versión novelística de un consejo de Q.

95 Aström, Paul. "Un volume de la bibliothèque de Q" ("Q könyvtárából"), *Bulletin du Musée National Hongrois des Beaux-Artes (A Magyar Nemzeti Múzeum Szépmuvészeti Múzeum Közleményei)* (Budapest), núm.15(1959),pp.34-8 (traducción francesa) y pp. 85-7 (en húngaro). ej: C
Sobre un ejemplar de *De veri precetti della pittura*, por Giovanni Battista Armenini de Faenza [Ravena, 1587] que posee la biblioteca del Museo de Bellas Artes de Budapest, y que lleva en su portada la firma de Q.

96 Augsberger, Ivan E. "A Critical Analysis of Q's 'Marco Bruto' ". Tesis de la Florida State University, 1973, 225pp.
Hay resumen en *DAI*, XXXIV (1973), pp. 1890A-1891A.

97 Avilés, Ángel. "Erratas seculares", *RABM*, tercera época, t. III (1899), 483-9. ej: Y, BN, CSIC
Correcciones al texto de la silva de Q sobre el pincel, "Tú, si en cuerpo pequeño".

98 Ayala, Francisco. "El espacio barroco: Cervantes y Q", en su libro *Realidad y ensueño* (M, Gredos, 1963), pp. 57-60. ej: C
También en *Íns*, XVIII, núm. 197 (1963). p. 2. Reseñas de *Realidad y ensueño*: Cabañas, Pablo, *BHS*, XLII(1965), 183-4. Lancelotti, *Cuadernos del Congreso por la Libertad de la Cultura* (París), núm. 81 (1964), 89-90.

99 ——. "Hacia una semblanza de Q", *La Torre* (Puerto Rico), LVII (1967), 89-116. ej: I
También en forma de libro (Santander, 1969), 51pp. Y con el título "Q: Notas para su semblanza", en *Cuadernos del Idioma* (BA),año II, núm. 7 (1966-7), 5-32. ej: Harvard
Reseña: *YWMLS*,XXX (1968), 214.

100 ——. "Observaciones sobre *El Buscón* de Q", *Nac* (BA), 19 de junio, 1960, sección 3. ej: C
También en su libro *Experiencia e invención* (M, 1960), pp. 159-70 (véase la ficha que sigue). Reseña: Beser Ortí, S., *IHE*, VIII (1962), 66, núm. 43.613 (Para otras reseñas, véase la ficha que sigue).

101 ——. "Sobre el realismo en la literatura, con referencia a Galdós", en su libro *Experiencia e invención* (M, 1960), pp. 171-203. ej: C
Sobre Q, pp. 186-93. Reseñas: Marra López, J.R., *Íns*, XVI, núm. 181 (1961). *Cuadernos del Congreso por la Libertad de la Cultura* (París), núm. 51 (1961), 91. *IHE*, VIII (1962), núm. 43.503.

102   —. "Sueño y realidad en el barroco: un soneto de Q", *Íns,*
XVII, núm. 184 (marzo, 1962), pp. 1, 7.
Sobre el soneto " ¡Ay, Floralba! Soñé que te . . . ¿dirélo? ". También
en su libro *Realidad y ensueño* (M, Gredos, 1963), pp. 7-19 (ej: C).
Reseña del artículo: *YWMLS,* XXIV (1962), 188.

103   Azorín (José Martínez Ruiz). "La significación de Q", *La
Vanguardia* (B), 3 de julio, 1917. ej: H

104   —. "La valoración de Q", *ABC* (M), núm. 6.271 (9 de febrero, 1923), p. 1. ej: H, BN

105   —. "Q", en su libro *Al margen de los clásicos* (M, 1915),
pp. 147-169.
También múltiples eds, y (BA, 1942), pp. 109-24. ej: C,I

106   —. "Q", en su libro *Clásicos y modernos* (BA, 1939).
También múltiples eds, y (BA, 1949), pp. 121-5 (ej: C). Artículo breve,
distinto del anterior. Reseña: Le Gentil, G., *BHi,* XVI (1914), 125.

107   Baader, H. "Nonnenbuhler und Täuferinnen. Über die Be-
deutung einer Textstelle in Qs *Buscón*", *RF,* LXXVII (1965),
368-74.
Reseña: Llorente, *RFE,* L (1967), 374-5.

108   Bacon, George William. "The Life and Dramatic Works of
Doctor Juan Pérez de Montalbán", *RHi,* XXVI (1912), 1-474.
ej: I
Sobre Q, las pp. 24-51. Reseñas: Buchanan, M.A., *MLR,* IX (1914),
556-8. ej: I   Cotarelo, E., *BRAE,* I (1914), 183-6.

109   Bagby, Albert I., Jr. "The Conventional Golden Age *pícaro*
and Q's Criminal *pícaro*", *Kentucky Romance Quarterly,* XIV
(1967), 311-19. ej: C, Harvard
Reseña: *YWMLS,* XXXI (1969), 213.

110   Balašov, N.I. "Sistema ispanskoslavjanskix svjazej xvii v.i.
voprosv sravnitel'nogo Literaturo vedenija", *Slavjanskie litera-
tury: Doklady sovetskoj delegacii, VI Meždunarodnyi s"ezd
slavistov* (Praga y Moscú, 1968), pp. 117-40.
Sobre las reiaciones hispano-eslavas en el siglo XVII. Referencia: *1969
MLA Int'l Bibl.,* II (1969), 102, núm. 4683.

111   Balseiro, José A., y Suárez-Rivero, Eliana. Introducción a su
ed. de *El caballero de las espuelas de oro,* por Alejandro Casona (Nueva York, 1968), xxxiv, 130pp. ej: Univ. de Miami
Véase también Casona, A.

28

112 Barber Sánchez, Mariano. *Homenaje a Q* (Madrid, s.a.), 23pp. (Conferencia en la Real Sociedad Económica Matritense de Amigos del País).
Referencia: Miguel Miranda Vicente, librero, Catálogo 8, núm. 2514.

113 Barker, John W. "Notas sobre la influencia de Q en la literatura inglesa", *BBMP*, XXI (1945), 429-35. ej: C, Y, BN

114 Barreda, Ernesto Mario. "Una valiosa edición de Q", *Nosotros* (BA), época 1, t. XLI (1922), 162-8. ej: I, N, Harvard
Sobre un ejemplar que posee el Sr Barreda de las *Obras* de Q [Amberes, 1699], y que lleva tachaduras a mano hechas por la Inquisición.

Barrenechea, Ana María. Véase Gómez de la Serna, ed. *Vida de Marco Bruto.*

115 Basterra, R. "Contribution au lexique de *germanía* de Francisco de Q", Tesis de la Univ. de París (1956), xi, 143pp.
Referencia y reseña: Aubrun, C.V., *BHi*, LIX (1957), 87-9.

116 Bataillon, Marcel. *Défense et illustration du sens littéral.* Presidential address (Modern Humanities Research Assoc., Cambridge, 1967), 33pp. ej: Cornell
Sobre *La Celestina,* el *Lazarillo* y el *Buscón*: éste en las pp. 21-31. Reseña: *YWMLS*, XXX (1968), 202 y 213-14. Véase también el núm. 680.

117 ——. Introducción y notas a *Le Roman picaresque* (París [¿1932?]), 155pp. (Colección "Les cent chefs-d'œuvre étrangers").
Referencia y reseña: Cirot, G., *BHi*, XXXIV (1932), 94, donde dice que incluye en el libro una "traduction du chap. III du *Buscón* due à Rétif de la Bretonne, rectifiée au besoin. Excellente introduction d'une quarantaine de pages".

118 Battistessa, Ángel J. "Junto a unas páginas de Q" [Prólogo a una selección de textos], *Logos: Revista de la Facultad de Filosofía y Letras* (BA), V (1946), 127-30, seguido de los textos, pp. 131-6. ej: C

119 Baudot, G. "Les Études hispaniques en U.R.S.S.", *Les Langues Néo-Latines* (París), LV (1961), 64-8.
Referencia: *NRFH*, XVI (1962), p. 507, núm. 45.979.

120 Baum, Doris L. "Q's Satiric Prologues", *Revista de Estudios Hispánicos* (Univ. de Alabama, EE.UU.), VII (1973), 233-53, y 322. ej: Florida International University

121 ——. *Traditionalism in the Works of Francisco de Q y Villegas* (University of North Carolina Press, Chapel Hill, 1970), 210pp. ej: D
Reseñas: Durán, M. *Modern Language Journal*, LVII (1973), 143-4. Ettinghausen, H. *BHS*, L (1973), 86-8. Pelorson, J.-M., *BHi*, LXXIV (1972), 511-13. Wiltrout, Ann. *H*, LVI (1973), 500-1. *YWMLS*, XXXII (1970), 231.

122 ——. "Traditionalism in the works of Don Francisco de Q y Villegas". Tesis doctoral de la Univ. de Virginia, 318pp.
Hay resumen en: *DA*, XXVIII (1968), pp. 2641A-2642A.

——. Véase también Meyer, Doris L., que es la misma persona.

123 Baumstark, Reinhold. *Don Francisco de Q: Ein Spanisches Lebensbild des 17. Jahrhunderts* (Freiburg im Breisgau,1871), xi, 257pp. ej: Y

124 Beardsley, Theodore S., Jr. "*Epicteto y Focílides* de Q: Un manuscrito de fines del siglo XVIII", *NRFH*, XX (1971), 387-8.

125 Beladíez, Emilio. *Osuna el Grande: El duque de las empresas* (M, 1954), 290pp. ej: C
Muchas referencias a Q; véase Fernández Duro, C. Reseñas: Rubió Lois, J., *IHE*, II (1955), 59, núm. 7405. Entrambasaguas, J., *RLit*, V (1954), 387-9. Garciasol, R. de, *Íns*, IX, núm. 104 (1954), 11.

126 Bellini, Giuseppe. *Francisco de Q: Studio e antologia* (Milán, La Goliardica, 1968), 191pp.
Referencia: *RLit*, XXXIII (1968), 209, núm. 36.722.

127 ——. *L'aspetto satirico in F. de Q* (Milán, La Goliardica, 1965), 107pp. ej: D, Harvard

128 ——. *Q in America. Parte I: Apuntes de las lecciones* (Milán, La Goliardica, 1966), 123pp. ej: Harvard
Referencia: *NRFH*, XX (1971), 331, núm. 20-3865.

129 ——. "Q in America: Juan del Valle y Caviedes", *Studi di Lett. Ispano-Amer.* (Milán), I (1967), 129-45. ej: Cornell

130 ——. *Q nella poesia ispano-americana dell'900* (Editrice Viscontea, Milán, 1967), 99pp.
Referencia y reseña: *YWMLS*, XXXI (1969), 326.

131 ——. *Q satírico* (Milán, La Goliardica, 1961), 112pp. ej: Harvard
Reseña: *YWMLS*, XXIII (1961), 168.

132 ——. Prólogo y notas a su ed. de Q, *Los sueños* (Milán, s.a.).
Prólogo (pp. 1-32), texto de los *Sueños* (pp. 33-212, con
notas), y una breve antología de la poesía de Q (pp. 1a-48a).
ej: BN

133 Bello Trompeta, Luis. "Q y Góngora", *El Noticiero Sevillano*
(Sevilla), 29 de junio, 1927.
Referencia: *RFE*, XIV (1927), 463.

134 Bénichou-Roubaud, Sylvia. "Q helenista: El *Anacreón castellano*", *NRFH*, XIV (1960), 51-72.
Reseña: *YWMLS*, XXII (1960), 196 y 198.

135 Benítez Claros, R. "Influencia de Q en Larra", *Cuadernos de
Literatura*, I (1947), 117-23. ej: I, N, CSIC
También en su libro, *Visión de la literatura española* (M, 1963), 227-33.
Reseña del artículo: *YWMLS*, XXVI (1964), 228.

136 Bergamín, José. "El disparate en la literatura española. El disparate de Q, Gracián y Calderón", *Nac* (BA), núm. 23.335 (9
de agosto, 1936), segunda sección, p. 2. ej: D

137 ——. "Fronteras infernales de la poesía: Shakespeare, Cervantes, y Q", *Revista de la Facultad de Humanidades y Ciencias* (Montevideo), núm. 13 (1954), 95-130.
Referencia: *NRFH*, X (1956), 514, núm. 22.908.

138 ——. "Q", en su libro *Fronteras infernales de la poesía* (M,
1959), pp. 123-43. ej: BN, C
Reseñas: Cano, J.L., *Íns*, XIII, núm. 157 (1959). Garciasol, R. de, *CuH*
(M), XLI (1960), 340-50. Xyz, *CuH* (M), XXXIX (1959), 67-8 (Referencia: *NRFH*, XIV, 1960, 454, núm. 40.897). Beser Ortí, S., *IHE*, VI
(1960), 23, núm. 34.085.

139 Bergman, Hannah E. de. "Para la fecha de *Las civilidades*",
NRFH, X (1956), 187-93.
Quiñones de Benavente imita en este entremés el *Cuento de cuentos* de
Quevedo.

139bis ——. "*Los refranes del viejo celoso* y obras afines", *NRFH*,
XXIV (1975), 376-97.
Demuestra que este entremés no es de Q.

140 Bergua, José. Prólogo (pp. 1-30) y notas (pp. 327-35) a su ed.
de Q, *Obras satíricas y festivas* (M, 1958), 335pp. ej: C, I, BN
Incluye los *Sueños*. Hay segundo tomo (M, 1959), que contiene el
Buscón y *La hora de todos*. ej: I
Reseña: Beser Ortí, S., *IHE*, VI (1960), 125, núm. 34.875.

141   Bernárdez, Francisco Luis. "Q el precursor", en su libro *Mundo de las Españas* (BA, 1967), pp. 149-51. ej: Harvard

142   ——. "Q, político cristiano", en su libro *Mundo de las Españas* (BA, 1967), pp. 7-18. ej: Harvard

143   Bershas, Henry N. "A Possible Source for Q", *MLN*, LXXXI (1966), 232-3.
Sobre el romance, "Parióme adrede mi madre". Reseña: *YWMLS*, XXVIII (1966), 199.

144   ——. "Three Expressions of Cuckoldry in Q", *HR*, XXVIII (1960), 121-35.
Sobre las frases "San Lucas", "San Marcos", y "Medellín". Reseñas: Marco Revilla, J., *IHE*, VI (1960), 505, núm. 37.890. Valderrama Andrade, *BICC*, XIX (1964), 365-6. *YWMLS*, XXII (1960), 196 y 198.

145   Bertrand, J.J.A. "Bertuch y su grupo", *Clavileño*, I, núm. 5 (1950), 9-14. ej: F
Sobre Q, la p. 9: Bertuch editó a Q en el *Magazine*, 1751-81.

146   Berrueta, Mariano D. "Don Francisco de Q", *Anales de la Universidad de Madrid*, IV (1935), 26-35.

147   ——. "Estudios sobre Q", *Revista Castellana* (Valladolid), V (1919), 256-9; VI (1920), 7-9. ej: H, BN, I, W

148   Berumen, Alfredo. "La sociedad española según Q y las Cortes de Castilla", *Abside* (México), XVI (1952), 321-43. ej: C, I, Y
Reseña: *YWMLS*, XIV (1952), 142-3.

148bis ——. "The Satirical Art of Q". Tesis de la Universidad de Texas, 1949.
Referencia: Chatham, James R., y Ruiz-Fornells, Enrique, *Dissertations in Hispanic Languages and Literatures* (Lexington, Kentucky, 1970), p. 47. ej: D

149   ——. "Un traductor de Q", *Abside* (México), XXI (1957), 306-15. ej: C, I, Y
Sobre M. de la Geneste, traductor francés del *Buscón* y los *Sueños* en 1633.

Bioy Casares, Adolfo. Véase Borges, Jorge Luis.

149bis Birch, William G. "The Politico-Religious Philosophy of Francisco de Q". Tesis de la Universidad de Chicago, 1951.
Referencia: Chatham, James R., y Ruiz-Fornells, Enrique, *Dissertations in Hispanic Languages and Literatures* (Lexington, Kentucky, 1970), p. 47. ej: D

150 Blanchet, Emilio. "Q moralista", *Revista Contemporánea*
(M), año XXII, tomo CIII (julio-agosto-sept., 1896), 140-55.
ej: BN, I
También en *Cuba y América* (nov. y dic., 1902), según una nota en
La España Moderna (M), año XV, tomo 174 (1903), 142.

151 Blanco Aguinaga, Carlos. " 'Cerrar podrá mis ojos . . . ': Tradición y originalidad", *Fil* (BA), VIII (1962, pub.1964), 57-78.

152 ——. "Dos sonetos del siglo XVII: Amor-locura en Q y Sor
Juana", *MLN*, LXXVII (1962), 145-62.
Sobre "Cerrar podrá mis ojos la postrera". Reseña: *YWMLS*, XXIV
(1962), 188.

153 Blanco Vila, Luis. "Tres escritores políticos del barroco español: Q, Gracián, Saavedra Fajardo", *Ad Maiora* (Santo Domingo de la Calzada, Logroño), núm. 12(1958), 73-83. ej: BN
Reseña: Llorens Serrano, M., *IHE*, IV (1958), 254, núm. 26.063.

154 Blecua, José Manuel. Prólogo y notas a su ed. de Q, *Obra poética* (M, 1969 y ss.), 84, 702pp.
A este tomo han seguido los II y III, y se completará la ed. con el IV.
Reseñas: Azancot, L., *Índice de Artes y Letras* (M), núm. 256 (1969),
41-2. Crosby, J.O. (véase el núm. 282bis). Rey, A., *H*, LIV (1971), 196.
Rivers, E.L., *MLN*, LXXXV (1970), 302. Rozas, J.M., *Íns* (1970),
núms 284-5. *YWMLS*, XXXI (1969), 209; XXXIII (1971), 259.

155 ——. "La transmisión textual del *Baile de los pobres* de Q",
RHM, XXXI (1965), 79-97. ej: C
Reseñas: Marfany García, J.L., *IHE*, XII (1966), 279, núm. 61.598.
YWMLS, XXVIII (1966), 213.

156 ——. "La *Epístola satírica y censoria* de Q al Conde-duque",
*Collected Studies in Honour of Américo Castro's Eightieth
Year* (Oxford, 1965), pp. 49-52.
Referencia: *1971 MLA Int'l Bibl.*, II, p. 95, núm. 5.726. También
separata de 13 páginas, con nueva paginación. ej: C

157 ——. Prólogo (151pp.) a su ed. del *Cancionero de 1628* (Madrid, 1945), 666pp. ej: C
Sobre textos poéticos de Q, pp. 13-19, más numerosos textos registrados en el índice onomástico. Reseña: Alda Tesán, J.M., *BBMP*, XXI
(1945), 98-9.

158 ——. Prólogo extenso y notas a su ed. de Q, *Poesía original* (B,
1963), cl, 1461pp.
También B, 1968, revisada y mejorada. Reseñas: Anónimo, *The Times
Literary Supplement* (Londres), 16 de abril, 1964, pp. 312. Anónimo,

Íns, XIX, núm. 206 (1964), p. 2. Bonet Mojica, L., *IHE*, XI (1965), 78, núm. 56.034. Crosby, J.O., *HR*, XXXIV (1966), 328-37 (resumen en *BICC*, XXIV, 1969, 139). Granados, J., *QIA*, V (1970), 123-6. Kossoff, D., *Renaissance News* (Nueva York), XVIII (1965), 254-5. Parker, A.A., *BHS*, XLV (1968), 138-41. Pring-Mill, R.D.F., *Romanistisches Jahrbuch* (Hamburgo), XIV (1964), 386-8. Rey, A., *H*, XLVII (1964), 868. Rico, F., *Índice de Artes y Letras* (M), núm. 185 (1964), 23. Rozas, J.M., *RLit*, XXIV (1963), 252-4. Silverman, J., *Books Abroad* (Norman, Oklahoma), XXXVIII (1964), 412. *YWMLS*, XXV (1963), 166-7. Véase también Navarrete, Rosina D.

159   ——. "Sobre un célebre soneto de Q", *Íns*, III, núm. 31 (julio, 1948), p. 3. ej: C
Sobre "Miré los muros de la patria mía".

160   ——. "Un ejemplo de dificultades: el *Memorial'Católica, Sacra, Real Magestad'* "*NRFH*, VIII (1954), 156-73.
Reseña: *YWMLS*, XVI (1954), 187.

161   ——, y Wilson, Edward M. Prólogo y notas a su ed. de Q, *Lágrimas de Hieremías castellanas* (M, 1953), cxliv, 177pp. (*RFE*, Anejo LV).
Reseñas: Comas Pujol, A., *IHE*, II (1955), 63-4, núm. 7.445. Durán, M., *RHM*, XXII (1956), 53. Fórneas Basterio, José María, *Sefarad* (M), XIV (1954), 164-6 (Reseña: *YWMLS*, XVI, 1954, p. 187). Moreno Báez, E., *Arbor* (M), XXXIII (1956), 646-7. Révah, I.S., *Bulletin des Études Portugaises* (Coimbra), XVII (1953), 285-6. Riquer, M. de, *Revista* (B), núm. 103. Weinrich, H., *Archiv für das Studium der Neueren Sprachen und Literaturen* (Freiburg-im-Breisgau, y Munich), CXCII (1955), 246. *YWMLS*, XVI (1954), 187.

162   Bleznick, Donald W. *Q* (Nueva York, 1972), 192pp. (Twayne World Authors Series, t. 153). ej: C
Reseñas: Sieber, H. *MLN*, LXXXVIII (1973), 454-8. *YWMLS*, XXXIV (1972), 213-14.

163   ——. "*La Política de Dios* de Q y el pensamiento político en el Siglo de Oro", *NRFH*, IX (1955), 385-94.
Reseñas: Mariner Bigorra, S., *IHE*, IV (1958), 255, núm. 26.072. Groult, P., *LR*, XII (1958), 85.

163bis Blüher, Karl Alfred. *Seneca in Spanien: Untersuchungen zur Geschichte der Seneca-Rezeption in Spanien vom 13. bis 17. Jh.* (Munich, 1968), 503pp.
Referencia y reseña: *YWMLS*, XXXI (1969), 201.

164   Bochet, C. "Traits saillants de l'expression figurée dans les *Sueños* de Q", *Les Langues Néo-Latines* (París), núm. 181

(1967), 81-92.
Referencia: *NRFH*, XX (1971), 331, núm. 20-3860.

165   Bodini, Vittorio. "Le lagrime barocche", *Il Verri* (Milán), III, núm. 6 (1959), 26-44.
Sobre Q y Góngora; Q en las pp. 26-33.

166   Bolis, W. *Francisco de Q Villegas e i suoi "Sueños"* (Nápoles, 1935), 23pp.
Falta mi referencia.

167   Bonet, Carmelo M. "Q, prosista", *Boletín de la Academia Argentina de Letras*, XIV (1945), 469-90. ej: I, BN, Y
También en *Logos: Revista de la Facultad de Filosofía y Letras* (Univ. de BA), V (1946), 103-18. ej: C
También en su libro *Pespuntes críticos* (BA, 1969), 349pp. Reseña: Bermejo Marcos, Manuel, *BHS*, XLVII (1970), 351-3.

168   Bonilla y San Martín, Adolfo. "Sobre las construcciones del relativo 'quien' en la *Historia de la vida del Buscón*, de Q", *Anales de literatura española (años 1900-1904)* (M, 1904), pp. 180-6.
Falta mi referencia.

168bis Bontempelli, Giulia. "Polo de Medina, poeta gongorino", en el libro *Venezia nella letteratura spagnola e altri studi barocchi* (Padua, 1973), pp. 85-135. ej: C
Reseña: *YWMLS*, XXXV (1973), 237. Sobre Q, las pp. 91-2, 105-7, 114, y 130; en la teoría, Polo era anti-gongorista.

169   Borel, Jean-Paul. *Quelques aspects du songe dans la littérature espagnole* (Boudry-Neuchâtel, Suiza, 1965), 71pp. ej: Harvard
Sobre Q, pp. 25-30. Reseña: Valembois, V., *LR*, XXIII (1969), 213.

170   Borges, Jorge Luis. Introducción a la traducción por Wilhelm Muster titulada *Die Träume, die Fortuna mit Hirn oder die Stunde Aller* (Frankfurt, 1966), 375pp.
Reseña: Konrad, *Welt und Wort* (Tübingen), XXII (1967), 235-6.
Referencia: *NRFH*, XX (1971), 331, núm. 20-3859.

171   ——. "Menoscabo y grandeza de Q", *Revista de Occidente*, VI (1924), 249-55. ej: C
También en su libro *Inquisiciones* (BA, 1925). Referencia: *Bibliografía Argentina de Artes y Letras* (BA), núms 10-11 (1961), p. 51, núm. 4515. ej: C
Reseña de *Inquisiciones*: Henríquez Ureña, P., *RFE*, XIII (1926), 79-80.

172   ——. "Q", en su libro *Otras inquisiciones (1937-1952)* (BA,

1952), pp. 46-54. ej: I
También BA, 1960 (en las *Obras completas* de Borges).

173 ——. "Q humorista", *La Prensa* (BA), 20 de feb., 1927, sección segunda, p. 2.
Referencia: *Bibliografía Argentina de Artes y Letras* (BA), núms 10-11 (1961), p. 64, núm. 4797. ej: C

174 ——. "Un soneto de don Francisco de Q", en su libro, *El idioma de los argentinos* (BA, 1928), pp. 75-82. ej: Harvard
Sobre "Cerrar podrá mis ojos la postrera". También en *La Prensa* (BA), 15 de mayo, 1927, segunda sección, p. 4.

175 ——. y Bioy Casares, Adolfo. Prólogo y notas a su ed. de Q, *Prosa y verso* (BA, 1948), 904pp.
Referencia y reseña: Onís, F. de, *RHM*, XIV (1948), 118.

176 Borrás, Tomás. "Los nueve Q", *ABC* (M), núm. 12.270 (26 de junio, 1945). ej: H

177 ——. *Q* (Plasencia [1960]), 211pp. (Biografía). ej: BN
Reseña: Agulló, M., *El Libro Español* (M), III (1960), p. 242, núm. 3422. ej: BN

178 Bouvier, René. *L'Espagne de Q* (París, 1936), 226pp. ej: W, I, CSIC, Harvard
Reseña: Sánchez Alonso, B. *RFE*, XXIII (1936), 417-18. J.B., *Les Nouvelles Littéraires* (París), 12 de dic., 1936.

179 ——. *Q homme du diable, homme de Dieu* (París [1929]), 369pp.
Con traducciones del *Mundo por de dentro* y *La hora de todos*, por Jean Camp. También (París, 1940), 371pp. ej: I, Harvard
Traducido por R. Bula Piriz, *Q, hombre del diablo, hombre de Dios* (BA, 1945), 236pp. También (BA, 1951), 198pp. ej: C, I, Harvard
Reseñas: Buceta, E., *RFE*, XVII (1930), 293-5. Castro, A., *RFE*, XXI (1934), 171-8. González López, E., *RHM*, XIV (1948), 305-6. Hawes, Olive, *Books Abroad* (Norman, Oklahoma), XVI (1942), 163-4. Le Gentil, G., *Revue Critique d'Histoire et de Littérature* (París), LXIV (1930), 70-1. Marsan, E., *Les Nouvelles Littéraires* (París), 12 de oct., 1935 (Referencia: *RFH*, I, 1939, p. 95). Pitollet, C., *BHi*, XXXII (1930), 300-1.

180 Boyer, Jacqueline. *L'Aspect littéraire de la querelle au sujet du patronat de l'Espagne: saint Jacques ou sainte Thérèse* (Mémoire pour l'obtention du diplôme d'études supérieures, París, 1945), 120pp.
Referencia y reseña: Aubrun, C.V., *BHi*, LVII (1955), 217-18 (afirma

que trata Boyer extensamente de Q).

Bredt, E.W. Véase Geers, G.J.

Bretón de los Herreros, Manuel. Véase Garner, Samuel.

181 Brögelmann, Herta. "Die Französischen Bearbeitungen der *Sueños* des Don Francisco de Q von 1637-59". Tesis de la Universidad de Göttingen, 1959.
Referencia: *NRFH*, XVI (1962), p. 628, núm. 49.875.

182 Bröndsted, Holger. *Magt og moral. En studie i den spanske barok* (Copenhague, 1964), 231pp.
Sobre Q, Saavedra Fajardo, Gracián. Referencia: *NRFH*, XIX (1970), 519, núm. 19.6084.

183 Buchanan, Milton A. "A Neglected Version of Q's *Romance on Orpheus*", *MLN*, XX (1905), 116-18. ej: I, BN
Sobre el romance "Orfeo por su mujer"; contesta a Camille Pitollet.

184 Buendía, Felicidad. Prólogos, notas y apéndices a su ed. de Q, *Obras completas* (M, 1958 y 1960), tomo I: *Obras en prosa*, 38, 1790pp; tomo II: *Obras en verso*, 11, 1481pp. ej: C

185 Busto, Álvaro del. "Un amigo de Q ", *Farmacia Nueva* (M), año VII, núm. 71 (1942), 736-42. ej: BN

186 Bustos Tovar, José Jesús de. *Vida y literatura en el siglo XVII* (Cuenca, 1966), 41pp. ej: BN
Reseña: Herrera García, A., *IHE*, XII (1966), 277, núm. 61.584. El autor "se apoya . . . particularmente en Q".

187 Caballero Astiazarán, Gloria. "El humorismo en la obra de Q". Tesis doctoral de la Univ. de Arizona, 199pp.
Hay resumen en: *DA*, XXVII (1966), p. 3024A.

188 Caballero Bonald, J.M. "La libertad en la poesía de Q", *Eco* (Bogotá), IV, núm. 2 (1961), 127-50. ej: Harvard

189 Cabañas, Pablo. *El mito de Orfeo en la literatura española* (M, 1948), 408pp.
Sobre Q, pp. 135-42. Reseñas: Campos, J., *BBMP*, XXVI (1950), 384-7. Gili Gaya, S., *NRFH*, III (1949), 307-8.

190 Calatraveño, Fernando. "Notas de viaje", *Boletín de la Sociedad Española de Excursiones* (M), V (1897-8), 145-56. ej: F
En la p. 153, se comenta un cuadro de Luis Menéndez Pidal, titulado "Un soneto de Q"; véase el núm. 691 a continuación.

191 Camón Aznar, José. "El impresionismo en Velázquez", *Goya* (M), VII (1960), 138-48. ej: F
Comenta los textos literarios contemporáneos, entre ellos Q, que aluden a la técnica "impresionista" en Velázquez. Reseña: Ibáñez Daltabuit, Isabel, *IHE*, VI (1960), 512, núm. 37.945.

192 Campagnuolo, Carla, y Mateo, Salvatore di. *Francesco de Quevedo nella storia e nella cultura italo-iberica del XVII sec.* (Milán, 1961), 107pp. ej: I, Harvard

193 Campoamor, Clara. *Vida y obra de Q* (BA, 1945), 296pp. ej: C, Harvard
Reseña: González López, E., *RHM*, XIV (1948), 305-6.

194 Campos, Jorge. "Presencia de América en la obra de Q", *Revista de Indias* (M), XXIII (1963), 353-74. ej: BN
Hay referencias al tomo XXIV, 1964, pero están erradas. Reseña: *YWMLS*, XXVII (1965), 186.

Canal Feijóo, C. Véase Capurro Robles, Carlota Canal Feijóo de.

195 Cánovas del Castillo, Antonio. *El solitario y su tiempo: Biografía de D. Serafín Estébanez Calderón y crítica de sus obras* (M, 1883). Colección de Escritores Castellanos. ej: I
Sobre Q y Estébanez Calderón: tomo I, pp. 157-63.

196 Cañedo, Jesús. "El 'Curriculum Vitae' del pícaro", *RFE*, XLIX (1966), 125-80.
Sobre el *Buscón*: pp. 148-56; y sobre éste, *Lazarillo*, y *Guzmán de Alfarache*, 156-80.

197 ——. "Tres pícaros, el amor y la mujer", *Iberoromania* (Munich), I (1969), 193-227. ej: I
Sobre el *Buscón*, pp. 215-27.

198 Cañizares, Joseph. *Comedia famosa. La vida de el Gran Tacaño* (M, 1747), 16 folios sin numerar. ej: BN
También M, 1763 (ej: Y) y Sevilla, sin año (ej: BN).
La atribución a Cañizares no es cierta; véase Fernández de León, Melchor.

199 Cañizo, Enrique. "Documentos del Archivo de Cetina", *El Avisador Numantino* (Soria), enero de 1896.
Hace tiempo vimos un ejemplar en la Biblioteca del Ayuntamiento de Soria. Referencia: L. Astrana Marín, "Bibl. de Q", en su ed. de Q, *Epistolario* (M, 1946), p. 818.

200   Capdevila, A. "Un gran calumniado: El niño", *El Nacional* (Caracas), 30 de junio, 1955.
Sobre el niño en el *Lazarillo, Rinconete,* y el *Buscón.* Referencia: *NRFH,* X (1956), 531, núm. 23.407.

201   Capurro Robles, Carlota Canal Feijóo de. "El tema del sueño y la imagen del laberinto en Q", en Cvitanovic, *El sueño y su representación en el Barroco español,* pp. 130-41. ej: C

202   Caravaggi, Giovanni. "Il poema eroico *De las necedades y locuras de Orlando el enamorado,* di Francisco de Q", *Letterature Moderne* (Milán), XI (1961), 325-42, y 461-74. ej: C
Reseña: *YWMLS,* XXIII (1961), 167-8.

203   Carballo Picazo, Alfredo. "Notas para un comentario de textos: Un soneto de Q", *Revista de Educación* (M), LII, núm. 150 (1963), pp. 182-9 (o pp. 14-21 del núm. 150, pues lleva doble paginación). ej: H
Sobre "Cerrar podrá mis ojos la postrera".

204   Carbonell, Reyes. "Algunas notas al *Poema heroico de las necedades y locuras de Orlando el enamorado,* de Q", *Estudios* (Univ. de Duquesne, Pittsburgh), I (1951), 13-19. ej: C

205   Cardenal Iracheta, Manuel. "Algunos rasgos estéticos y morales de Q", *Revista de Ideas Estéticas* (M), V (1947), 31-51. ej: C

206   Cardona Peña, Alfredo. "Nuevas notas sobre Q", *Armas y Letras* (Univ. de Nuevo León, México), año XII, núm. 7 (1955), pp. 1-2. ej: C, Univ. Wisconsin, Univ. Texas

207   ——. "Sobre Q", en su libro, *Recreo sobre las letras* (San Salvador, 1961), pp. 87-104. ej: D

208   Carilla, Emilio. *El barroco literario hispánico* (BA, 1969), 177pp. (Numerosas citas de Q y otros).
Referencia y reseña: Grimaldo S., Ángel, *BICC,* XXVIII (1973), 380-2.

209   ——. *Q (entre dos centenarios)* (Tucumán, 1949), 236pp. ej: C, CSIC, Harvard
Reseñas: González López, E., *RHM,* XIV (1948), 305-6. Aubrun, C.V., *BHi,* LI (1949), 98. Sabia, Mabel, *Fil,* II (1950), 104-6. Young, N., *BHS,* XXVI (1949), 268. *YWMLS,* XI (1940-9), 168.

210   ——. "Q y el parnaso español", *Boletín de la Academia Argentina de Letras,* XVII (1948), 373-408. ej: C, I, BN, Y, N

También en su libro, *Estudios de literatura española* (Tucumán, 1958), pp. 147-78. ej: I
Reseña del libro: *YWMLS*, XXIII (1961), 180.

211 ——. "Un quevedista español: Torres Villarroel", en sus *Estudios de literatura española* (Tucumán, 1958), pp. 179-91. ej: I
Reseña: *YWMLS*, XXIII (1961), 180.

212 Carranza, Eduardo. "Amigo de sus amigos: Q y el grande Osuna", *Boletín Cultural y Bibliográfico* (Bogotá), VIII, núm. 4 (1965), 514-18. ej: Harvard
Reseña: García Fernández, María Teresa, *IHE*, XII (1966), 81, núm. 60.123.

213 ——. "Síntesis de Q", *Boletín Cultural y Bibliográfico* (Bogotá), XII (1969), 14-29.
Referencia: *NRFH*, XXI (1972), 269, núm. 21-3183.

214 Carrasquer, Francisco. "Carta de Holanda", *PSA*, X (1958), xii-xx.
Labor quevediana de Dolf Verspoor, comentarista y traductor al holandés, pp. xvii-xx. Véase el núm. 982.

214bis Carvalho, J.A. "Aspectos do desengano e da aceitação da vida em D. Francisco Manuel de Mello", *Brotéria* (Lisboa), LXXVII (1964), 277-91, 423-38 (compara a Mello con Q).
Referencia: *PMLA*, LXXX (1965), 257, núm. 11.848. Reseña: *YWMLS*, XXVI (1964), 266.

215 Carrera Andrade, Jorge. "Q contra Góngora: Polémica de los clásicos", *RdA*, X (1947), 221-24. ej: I, Y

216 Casas Dupuy, R. "Francisco de Q y T.S. Eliot", *Razón y Fábula* (Bogotá, Univ. de los Andes), núm. 23-4 (1971). ej: C, Harvard

217 Cascón, Miguel, S.J. "Adiciones Arevalianas a Nicolás Antonio en la bibliografía de Q", *BBMP*, XXI (1945), 529-34. ej: C, Y, BN

218 Casona, Alejandro. *El Caballero de las espuelas de oro. Retablo jovial* (M, 1965), 207pp. ej: BN   También M, 1972. ej: BN
El protagonista es Q.
Reseñas: Pérez de Olaguer, G., *Reseña* (M), I (1964), 294-6. Llovet, E., *Teatro español, 1964-5* (M, 1966), pp. 126-7. Casona, A., "Autocrítica", en *Teatro español, 1964-5* (M, 1966), p. 125 (referencias de las reseñas de Llovet y Casona: M.T. Halsey, núm. 490 a continuación, p. 121,

n. 38, y p. 123, n. 43). Véanse también los núms 54, 111, 490, y 844.

219   Castanien, Donald G. "Q's 'A Cristo resucitado'", *Symposium*
(Syracuse, Nueva York), XIII (1959), 96-101. ej: C, I, W
Reseña: *YWMLS*, XXII (1960), 196.

220   ——. "Q's *Anacreón castellano*", *Studies in Philology* (Chapel
Hill, N. Carolina), LV (1958), 568-75 (véase Bénichou-
Roubaud, S.). ej: I, W,C

221   ——. "Q's Translation of the Pseudo-Phocylides", *Philological
Quarterly* (Iowa City), XL (1961), 44-52. ej: C, I

222   ——. "Q's version of Epictetus' *Encheiridion*", *Symposium*
(Syracuse, Nueva York), XVIII (1964), 68-78.

223   ——. "Three Spanish translations of Epictetus", *Studies in
Philology* (Chapel Hill, N. Carolina), LXI (1964), 616-26. ej:
D
El Brocense, Gonzalo Correas, y Q: sobre éste, véanse las pp. 617-18, y
622-6.

224   Castellanos, Daniel. "Q y su Epicteto en español", *Boletín de
la Academia Nacional de Letras* (Montevideo), I (1946-7),
179-213. ej: I

225   Castellanos de Losada, Basilio Sebastián. Notas extensas a su
edición de las *Obras de don Francisco de Q Villegas* (M, 1841-
51), 6 tomos. ej: C
Reseña: J.P.C., *El Gabinete de Lectura* (M), núm. 22 (6 de marzo,
1842), 196. En el núm. 20 (20 de febrero, 1842), 180, afirma J.P.C.
que había visto, ya encuadernado, el tomo I de esta edición. ej: BN
(R/16.873).

226   ——. "Q. Soneto leído en el Instituto Español", *El Trovador
Español, Semanario de poesías inéditas* (M), núm. 2 (22 de
mayo, 1841), 16. ej: H

227   Castelltort Sch. P., Ramón. "Lope, Q y Góngora en una en-
crucijada", *Analecta Calasancia* (M), año III, núm. 6 (1961),
267-306. ej: BN
Sobre Q, pp. 267, 270-4, 285-6, 289-306. Reseña: Marco Revilla, J.,
IHE, IX (1963), 250, núm. 49.408.

228   Castillo y Soriano, José del. "Carta a Q: Poesía", *La Ilustración Ibérica* (B), IV (1886), 62-3. ej: BN

229   Castro, Américo. "Algo sobre el 'nihilismo' creador de

Camilo José Cela", Apéndice II de la edición renovada de su libro *Hacia Cervantes* (M, 1967), 500pp.
Referencia y reseña: Díaz Larios, L.F., *IHE*, XIII (1967), 36, núm. 64.418. (La técnica narrativa de Cela, relacionada con Q y con la pintura de Goya.) Las ediciones anteriores a la de 1967 no contienen este apéndice.

230 ——. "Algunas publicaciones sobre Q", *RFE*, XXI (1934), 171-8. ej: C
Contiene reseñas de los libros de Astrana (ed. de las *Obras*, 1932), Bouvier, y Porras.

231 ——. Prólogo y notas a su ed. de Q, *El Buscón* (M, Clásicos Castellanos, t. V, 1911), xxii, 273pp. ej: C
Se sigue el texto de la primera ed., Zaragoza, 1627.

232 ——. Prólogo y notas a su ed. de Q, *El Buscón* (M, Clásicos Castellanos, t. V, 1927), vii-viii, 292pp.
Se sigue el texto del ms de la Biblioteca de Menéndez Pelayo, con notas amplias, quedando anuladas por el editor sus eds de 1911 y 1917; véanse a continuación Lázaro, Rodríguez Moñino, y Rose. Reseñas: Alonso, D., *RFE*, XIV (1927), 74-8 (ej: C). Aguado, J.M. *La Ciencia Tomista* (Madrid-Salamanca), XXXVI (1927), 319 (referencia: Raymond L. Grismer, *A Bibliography of Articles and Essays on the Literatures of Spain and Spanish America* [Minneapolis, Minnesota, 1935], p. 173). Véanse también los núms 66 y 80.

233 ——. "El 'gato' y el 'ladrón' en el léxico de Q", *Archivio Glottologico Italiano* (Turín), nueva serie, I (1926), 140-2. ej: C, I

234 ——. "El Gran Duque de Osuna", en su libro, *Santa Teresa y otros ensayos* (M, 1929), 279pp. ej: D, Y
Sobre Q, las pp. 241-3, 248, y 250-2. Reseña: Cirot, G., *BHi*, XXXII (1930), 81-2.

235 ——. "En el tercer centenario del *Buscón* de Q", *La Nación* (BA), domingo, 15 de agosto, 1927, p. 11. ej: C

236 ——. "Escepticismo y contradicción en Q", *Humanidades* (Univ. Nacional de la Plata, Argentina), XVIII (1928), 11-17. ej: C, I, BN, Y, N, CSIC
También en su libro, *Semblanzas y estudios españoles* (Princeton, 1956), pp. 391-6. ej: C

237 ——. "Perspectiva de la novela picaresca", *RBAMAM*, XII (1935), 123-43.
También en su libro, *Semblanzas y estudios españoles* (Princeton, 1956), 73-92. ej: C   Sobre Q, únicamente las pp. 77-8.

238 ———. Prólogo y notas a su ed. de Q, *El Buscón* (Nueva York, Nelson, 1917), 292pp.
Se sigue el texto de la primera ed., Zaragoza, 1627. También (París, Nelson, 1951), xii, 288pp. ej: C

239 ———. "Sugestiones literarias con pretexto de Q", *Nac* (BA), domingo, 29 de agosto, 1927, p. 2. ej: C

———. Ha reseñado los libros de Astrana *(Obras de Q)*, Bouvier, Foulché-Delbosc, Porras, Rose, y quizá el de Cejador.

240 Castro, J.A. "Estructura y estilo de *Los sueños* de Q", *Anuario de Filología* (Univ. del Zulia, Maracaibo), I (1962), 73-85.
Referencia: *NRFH*, XVII (1963-4), 238, núm. 17-3093.

241 Castro Arenas, M. "Algunos rasgos estilísticos en la poesía de César Vallejo", *Cuadernos Americanos* (México), XXVII (1968), 189-212.
Incluye la deuda de Vallejo a Q. Referencia y reseña: *YWMLS*, XXXI (1969), 337.

242 Catalán, Diego. "Una jacarilla barroca hoy tradicional en Extremadura y en el Oriente", *Revista de Estudios Extremeños*, VIII (1952), 377-87. ej: C
Reseña: Molas Batllori, J., *IHE*, II (1955), 47, núm. 7.298. Hay separata de 15 pp.; en las pp. 12-15, analiza el romancillo de Q "Érase que se era".

243 Catalina, Severo. "Documentos inéditos relativos a Q", *Semanario Pintoresco Español* (M), 12 de febrero, 1852.
Referencia: Papell, A., *Q: Su tiempo* . . . , y la *Enciclopedia Espasa-Calpe*, artículo sobre Q; pero no encuentro en el *Semanario* (BN, CSIC) ni este artículo, ni número con la fecha del 12 de febrero, 1852.

244 Cauvin, Sister Mary Austin, O.P. "The *Comedia de Privanza* in the Seventeenth Century". Tesis doctoral de la Univ. de Pennsylvania (1957).
Sobre "Como ha de ser el privado", de Q, pp. 372-87. Hay resumen en *DA*, XVIII (1958), 229.

245 Cauz, Frank A. "Un Q poco conocido", *Boletín Cultural y Bibliográfico* (Bogotá), IX, núm. 11 (1966), pp. 2166-9. ej: Harvard
Sobre los entremeses de Q. Reseña: García Fernández, M.T., *IHE*, XIII (1967), 376, núm. 67.023.

246 Cavillac, Cécile. " 'El pícaro amante' de José Camerino et *L'Aventurier Buscon* de la Geneste: Étude d'un cas de médiation littéraire", *Revue de Littérature Comparée* (París), XLVII

(1973), 399-411. ej: N

——. Véase Cavillac, Michel.

247 Cavillac, Michel y Cécile. "A propos du *Buscón* et de *Guzmán de Alfarache*", *BHi*, LXXV (1973), 114-31.

248 Cejador y Frauca, Julio. Artículo sobre Q en su *Historia de la lengua y literatura castellana*, tomo IV (M, 1916), pp. 152-83. ej: I
También IV (M, 1935), 155-87.

249 ——. Prólogo y notas a su ed. de *Los sueños* (M, 1916-17), 298 y 282 pp. (Clásicos Castellanos, t. XXXI y XXXIV; múltiples reimpresiones hasta hoy día).
Reseñas: [¿Castro, Américo?], *RFE*, V (1918), 200 (crítica muy severa, con una referencia a otra igualmente severa por Julio Casares, en *Nac* (BA), el 29 de agosto, 1917). Hay artículo-reseña por Casares: "Un escoliasta de los clásicos: Don Julio Cejador y Frauca", en su *Crítica efímera (Divertimientos filológicos)* (M, 1918), t. I, pp. 139-71 (crítica extensa y adversa). ej: D
También M, 1947, t. I, pp. 147-79. ej: Harvard

250 Cereceda, Feliciano. "Patriotismo y escepticismo español de Q", *Razón y Fe* (M), CXXXII (1945), 614-31. ej: BN

251 Chacón y Calvo, José María. "Q y la tradición senequista", *Realidad* (BA), III (1948), 318-42. ej: C, I, Y
Reseña: *YWMLS*, XII (1950), 116.

251bis Chevalier, Maxime. "La *Genealogía de la Necedad*", *Les Langues Néo-Latines* (París), núm. 209 (1974), 12-18.
Sobre algunos antecedentes y consecuentes de esta obrita utilizada por Q. ej: C, Washington University (St. Louis, Missouri).

252 ——. "La première traduction française du *Buscón*", *Bulletin de la Faculté des Lettres* (Strasbourg), XXXIII (1954-5), 208-19.
Falta mi referencia.

253 ——, y Jammes, Robert. "Supplément aux *Coplas de disparates*", *BHi*, LXIV bis (1962: *Mélanges offerts à Marcel Bataillon*), 358-93.
Hay comentario agudo sobre la *Visita de los chistes* y el *Libro de todas cosas*, pp. 358, y 368-70.

254 Chinchilla Aguilar, Ernesto. "Versiones de historia en tres clásicos de la lengua española", *Univ. de San Carlos* (Guatemala),

núm. 52 (set.-dic., 1960), 59-85. ej: Harvard
Sobre el *Marco Bruto* de Q: pp. 72-8.

255 Cimorra, Clemente. *Q, síntesis biográfica* (BA, 1946), 125pp.
ej: C, Harvard

256 Ciocchini, Héctor E. "Q y la construcción de imágenes emblemáticas", *RFE*, XLVIII (1965), 393-405.
Reseñas: *BHi*, LXX (1968), 626. *BICC*, XXIV (1969), 339. Marfany García, J.L., *IHE*, XIV (1968), p. 95, núm. 68.520. *YWMLS*, XXX (1968), 214.

257 Cirre, José F. "Razón y sinrazón de Q", *RdI* (Bogotá), XXV (1945), 427-48. ej: I, Y

258 Clavería, Carlos. "Gustavo Adolfo y Cristina de Suecia, vistos por los españoles de su tiempo", *Clavileño* (M), III (1952), núm. 17, pp. 11-16; y núm. 18, pp. 17-27. ej: F
Sobre Q, el núm. 17, pp. 12-14. Reseña: *YWMLS*, XIV (1952), 130-1.

259 Cohen, J.M. Prólogo a su ed. de la traducción de R. L'Estrange de Q, *Visions* (Fontwell, Sussex y Carbondale, Illinois, 1963), 14, 146pp. ej: C
Reseña: *The Times Literary Supplement* (Londres), núm. 3.196 (31 de mayo, 1963), p. 390.

260 Colmeiro, Miguel. "Fr. Hierónimo Delgado. Censura de un libro de Q", *Revista Española de Literatura, Historia y Arte* (M), I, núm. 12 (1901).
Censura inédita del *Chitón de las tarabillas*, fechada en Sevilla, el 26 de abril, 1630. Referencia sin confirmar porque falta este número en la BN.

261 Colomés, J. "Sur les relations de D. Francisco Manuel de Melo avec Q", *Arquivos do Centro Cultural Português* (París), II (1970), 573-7.
Referencia: *NRFH*, XXII (1971), 470, núm. 22-5428.

262 Colón, Germán. "Una nota al *Buscón* de Q", *Zeitschrift für Romanische Philologie*, LXXXII (1966), 451-7.
Reseña: Llorente Maldonado de Guevara, A., *RFE*, LI (1968), 326.

263 Consiglio, Carlo. "El *Poema a Lisi* y su petrarquismo", *Med* (Valencia), IV (1946), 76-94. ej: C, I

264 Coronado, Carolina. *Q y Lord Byron* (M, 1874).
Referencia: Astrana Marín, ed. de Q, *Epistolario* (1946), p. 817. Sobre la autora, véase Sandoval, Adolfo de, *Carolina Coronado y su época*, Zaragoza, 1944, 231pp.

265 Corbatta, Jorgelina. "La fealdad de la figura humana en *Los sueños* de Q", en Cvitanovic, *El sueño y su representación en el Barroco español*, pp. 155-65. ej: C

266 Cortázar, Celina S. de. "El *Galateo español* y su rastro en el *Arancel de necedades*", *HR*, XXX (1962), 317-21.
Sobre Q, pp. 320-1.

267 ——. *La poesía de Q* (BA, 1968), 61pp. (Enciclopedia Literaria, XXX). ej: C

268 ——. "Lo cómico y lo grotesco en el *Poema de Orlando* de Q", *Fil* (BA), XII (1966-7), 95-135. ej: Harvard

269 Cortejoso, Leopoldo. "El médico en la literatura española", *Archivo Hispalense* (Sevilla), XXVIII (1958), 9-45. ej: BN
Sobre Q, las pp. 12, 15-24, 26-7, y 38.

270 Cossío, José María de. *Fábulas mitológicas en España* (M, 1952), 907pp.
Sobre Q, pp. 251-5, y muchas otras referencias.

271 ——. "Lección sobre un soneto de Q", *BBMP*, XXI (1945), 409-28. ej: C, Y, BN
Sobre el soneto "Falleció César, fortunado y fuerte".

272 ——. *Poesía española: Notas de asedio* (M, sin año), 328pp. ej: C
Contiene cuatro notas breves que tocan a Q: "Llamas, sangre: Rioja, Q, Góngora", pp. 123-8; "El tiempo prisionero: Góngora, Q", 197-202; "Misterio verbal de la poesía: Q", 205-8; "Dificultad de lo complejo: Q, Bécquer", 211-14.

273 Cossío y Corral, Alfonso de. "Genio y figura de don Francisco de Q", *Anales de la Universidad Hispalense* (Sevilla), IX (1946), 5-24. ej: Harvard

274 Costa, Joaquín. "Ideas políticas de Q", *Boletín de la Institución Libre de Enseñanza*, V, núm. 107 (31 de julio, 1881), pp. 106-8.
También en su libro *Estudios jurídicos y políticos* (M, 1884), cap. I, art. iv (Biblioteca Jurídica de Autores Españoles, XIV). Referencia: George J.G. Cheyne, *A Bibliographical Study of the Writings of Joaquin Costa (1846-1911)*, (Londres, 1972), p. 38.

275 Cotarelo Valledor, Armando. "El teatro de Q", *BRAE*, XXIV (1945), 41-104. ej: C
También (M, 1945), 68pp. Reseñas: Pastor Mateos, E., *RBAMAM*, XIV

(1945), 458-60 (ej: C). Torres Quintero, R., *BICC*, II (1946), 214-16.

276 Cotarelo y Mori, Emilio. "Semántica española: 'Dar con la del martes', 'Dar con la del rengo' ", *BRAE*, V (1918), 223-9.
Incluye textos de Q con ambas frases.

277 ——. "La fundación de la Academia Española y su primer director, D. Juan Manuel F. Pacheco, Marqués de Villena", *BRAE*, I (1914), 4-38, 89-127.
Sobre Q en las Academias literarias, pp. 14 y 32; sobre un personaje real, modelo para el licenciado Calabrés del *Alguacil endemoniado*, p. 98.

278 Crawford, J.P. Wickersham. "Francisco de la Torre y sus poesías", *Homenaje a Menéndez Pidal* (M, 1925), II, 431-46. ej: I
Fernández-Guerra no logró comprobar que F. de la Torre no era Q.

279 Crosby, James O. "A Little-Noticed *Parecer* by Francisco de Q", *MLN*, LXX (1955), 518-21.
Sobre el *parecer* de oct., 1617. Reseña: *YWMLS*, XVII (1955), 200.

279bis ——. "Al margen de los manuscritos de los *Sueños*: La huella del lector contemporáneo", *NRFH*, XXIV (1975), 364-75.

280 ——. "A New Preface by Francisco de Q", *Studies in Philology* (Chapel Hill, N. Carolina), LVIII (1961), 61-8.
Sobre el prefacio a Bernardino Blancalana, *Historia de la sagrada imagen de Cristo crucificado que está en... Luca* (M, 1638).

281 ——. "A New *Sueño* Wrongly Attributed to Q?", *HR*, XXXI (1963), 118-33.
Reseñas: Rico Manrique, F., *IHE*, XI (1965), 259, núm. 57.459. *BICC*, XXII (1967), 305-6. *YWMLS*, XXV (1963), 168.

282 ——. *En torno a la poesía de Q* (M, 1967), 268pp. ej: I, Harvard
Reseñas: Bonilla, *La Estafeta Literaria* (M), núm. 378 (1967). Ettinghausen, Henry, *BHS*, XLVI (1969), 161-3. Iventosch, H., *Romanic Review*, LXII (1971), 45-50. Morby, E.S., *HR*, XXXVIII (1970), 95-8. Nallim, C.O., *Cuadernos de Filología* (Mendoza), II (1968), 130-2. Sieber, H., *MLN*, LXXXV (1970), 305-8. *YWMLS*, XXIX (1967), 190. *The Times Literary Supplement* (Londres), 26 de feb., 1970, p. 223.

282bis ——. "Has Q's Poetry Been Edited?", *HR*, XLI (1973), 627-38.
Artículo-reseña de la *Obra poética* de Q, editada por J.M. Blecua.
Reseña: *YWMLS*, XXXV (1973), 238-9.

283 ——. "La huella de González de Salas en la poesía de Q editada por Pedro Aldrete", *Homenaje a Rodríguez-Moñino* (M,

1966), I, 111-23.
Reseña: *YWMLS*, XXVIII (1966), 199.

284 —. "Noticias y documentos de Q, 1616-17", *Hispanófila*,
núm. 4 (1958), 3-22.
Reseña: Y[vette] B[áez], *NRFH*, XVIII (1965-6), 534.

285 —. "Nuevos documentos para la biografía de Q, 1617-21",
BBMP, XXXIV (1958), 229-61.
Reseñas: Batlle Gallart, C., *IHE*, V (1959), 82, núm. 29.678. *YWMLS*,
XX (1958), 202.

286 —. "Q and the Court of Philip III in 1615: Neglected Satirical Letters and New Biographical Data", *PMLA*, LXXI (1956),
1117-26.
Reseña: *YWMLS*, XVIII (1956), 191.

287 —. *The Sources of the Text of Q's "Política de Dios"* (Nue-
va York, Modern Language Association, Monograph Series,
Núm. XX, 1959), 125pp.
Reseñas: Blecua, J.M., *IHE*, V (1959), 522, núm. 38.332. Bleznick, D.W.,
H, XLIV (1961), 164. Del Piero, Raúl A., y Craddock, Jerry R., *Roma-
nic Review*, LIV (1963), 57-61. Entenza de Solare, Beatriz Elena, *Fil*
(BA), VII (1961), 195-6. Gibbs, J., *BHS*, XXXVIII (1961), 251-2.
Hafter, Monroe Z., *HR*, XXIX (1961), 252-4. Lida, R., *MLN*, LXXIX
(1964), 559-61. Mignani, Rigo, *QIA* (Turín), IV (1960-2), 248. Myers,
O.T., *RHM*, XXVII (1961), 367. Pring-Mill, R.D.F., *MLR*, LVII (1962),
118-19. Romero, Leonardo, *Revista de Literatura* (M), XXVI (1964),
210-11. Schalk, F., *RF*, LXXII (1960), 148-50. Vermeylen, Alphonse,
LR (Lovaina), XVI (1962), 197-8. Wilson, E.M., *The Library* (Londres),
quinta serie, XV (1960), 223-4.
Referencia de las reseñas: *NRFH*, XVII (1963-4), 238, núm. 17-3095, y
XVIII (1965-6), 670, núm. 18-7901. Véase también *YWMLS*, XXII
(1960), 198.

288 —. Prólogo y notas a su ed. de Q, *Política de Dios* (M, y Urbana, Illinois, 1966), 26, 604pp.
Reseñas: Castañeda, *MLJ*, LIII (1969), 439. Collard, Andrée, *Hispanófila*, núm. 41 (1971), 73-5. Esquer-Torres, R., *Arbor* (M), LXVII (1967),
130-1. Ettinghausen, H., *MLR*, LXIII (1968), 992-3. Hempel, W., *Romanistisches Jahrbuch* (Hamburgo), XX (1969), 376-9. Mazza, R., *The
Hispanic American Historical Review* (Durham, N. Carolina), XLVIII
(1968), 757-8. Rivers, E.L., *MLN*, LXXXIII (1968), 329-32. Stoude-
mire, S., *H*, LI (1968), 574-5. Truman, R.W., *BHS*, XLV (1968),
141-2. Valderrama Andrade, *BICC*, XXIII (1968), 583-7. *YWMLS*,
XXVIII (1966), p. 200. *The Times Literary Supplement* (Londres),
24 de agosto, 1967, p. 760.

289 ——. "Q in Italy: A Satirist in Politics". Tesis doctoral de la Univ. de Yale (1954), 257pp. ej: C

290 ——. "Q, Lope and the Royal Wedding of 1615", *Modern Language Quarterly* (Seattle), XVII (1956), 104-10.
Reseñas: Lluís Y. Navas, J., *IHE*, III (1957), 298, núm. 18.460. *YWMLS*, XVIII (1956), 191.

291 ——. "Q, the Greek Anthology, and Horace", *Romance Philology*, XIX (1965-6), 435-49.
Reseña: *YWMLS*, XXVIII (1966), 199.

292 ——. "Q's Alleged Participation in the Conspiracy of Venice", *HR*, XXIII (1955), 259-73.
Q no estuvo en Venecia. Reseñas: Rubió Lois, J., *IHE*, II (1955), 585, núm. 12.262. Groult, P., *LR*, XII (1958), 85. Y[vette] B[áez], *NRFH*, XVIII (1965-6), 523. *YWMLS*, XVII (1955), 200.

293 ——. "The Friendship and Enmity Between Q and Juan de Jáuregui", *MLN*, LXXVI (1961), 35-9.
Reseña: *YWMLS*, XXIII (1961), 168.

294 ——. "The Poet Claudian in Francisco de Q's *Sueño del Juicio final*", *Papers of the Bibliographical Society of America* (Nueva York), LV (1961), 183-91. ej: I, W, Y
Interpretación errónea, por tratarse de una cita intercalada en el *Sueño* por una persona que no fue Q, y por no tener en cuenta los manuales de erudición contemporáneos; se aclarará en mi edición de los mss, de los *Sueños*, de próxima publicación.

295 ——. *The Text Tradition of the Memorial "Católica, sacra, real Magestad"* (Lawrence, Kansas, 1958), 81pp. ej: I, Harvard
Reseñas: Aguilera, Ignacio, *BBMP*, XXXIV (1958), 363-4. Alonso, Dámaso, *Arbor*, XLVII (1960), 154-5. Blecua, José Manuel, *IHE*, V (1959), p. 522, no. 33.331. Dowling, John C., *H*, XLII (1959), 422. Groult, P., *LR* (Lovaina), XV (1961), 413-14. Iniesta, Antonio, *RLit*, XVII (1960), 167. Lázaro, Fernando, *Zeitschrift für Romanische Philologie*, LXXVI (1960), 282-3. Lihani, John, *Symposium*, XIV (1960), 69-72. Mas, Amédée, *NRFH*, XIII (1959), 390-4. Morby, Edwin S., *MLN*, LXXV (1960), 276-7. Myers, Oliver T., *RHM*, XXV (1959), 346-7. Pellicer, Félix, *Universidad* (Zaragoza), núms 1-2 (1960), ej: C. Pring-Mill, R.D.F., *The Library*, XV (1960), 224-6. Reckert, Stephen, *BHS*, XXXVIII (1961), 180-1. Schalk, Fritz, *RF*, LXXV (1963), 192-3. Wilson, Edward M., *HR*, XXVIII (1960), 375-6.

296 ——. "Un *sueño* desconocido", *NRFH*, XIV (1960), 295-306.

——. Véase De Ley, Margo.

——. Véanse los artículos-reseñas de los libros de J.M. Blecua, ed. *Poesía original*, y Amédée Mas.

297   —— y Holman, Alvin F. "Nuevos manuscritos de la obra de Q", *RABM*, LXVII (1959), 165-74.
Sobre un tomo grande del siglo XVIII que posee Crosby. Reseñas: Rubió Lois, J., *IHE*, V (1959), 304, núm. 31.582. *YWMLS*, XXI (1959), 171. Nota de la redacción de la *RABM*: LXVII(1959), Índice. Reseña de esta nota: Rubió Lois, J., *IHE*, VI (1960), 125, núm. 34.879.

298   Cruz, Pedro Nolasco. "Q", en su libro *Pláticas literarias*. *1886-1889* (Santiago de Chile, 1889), pp. 61-100. ej: Hispanic Society of America
Crítica del *Essai* de E. Mérimée.

299   Cruz Coronado, Guillermo de la. *La poesía del oro en Góngora y Q* (Curitiba, 1956), 134pp.
Reseñas: Carrasco Urgoiti, M.S., *RHM*, XXV (1959), 118. Silveira Bueno, D. da, *Jornal de Filologia* (São Paulo), núm. 2 (1956), 59-60. Referencia: *NRFH*, XI (1957), 470, núm. 28.170.

300   Cuervo, Rufino J. "Dos poesías de Q a Roma", *RHi*, XVIII (1908), 432-8. ej: C, I, Y
Sobre las fuentes del soneto "Buscas en Roma a Roma, ¡oh peregrino!", y de la silva "Esta que miras grande Roma ahora". También en su libro *Disquisiciones sobre filología castellana* (Bogotá, 1950), pp. 496-502; y en *Escritos literarios de Rufino J. Cuervo* (Bogotá, 1939), p. 95.

301   Cueva, Eusebio de la. *Por tierras de Q y Cervantes. Viajes y narraciones* (Edit. Mireles y Estrada).
Referencia: Raymond L. Grismer, *Cervantes: A Bibliography* (Nueva York, 1946), t. I, p. 51.

302   Cutler, Charles M. "Dom Francisco Manuel de Melo and Francisco de Q: A Study in Literary Affinity". Tesis doctoral de la Univ. de Michigan, 192pp.
Hay resumen en *DAI*, XXXIII (1972), pp. 2320A-1A.

303   ——. "Melo and Q's Views of Each Other's Writings in the *Hospital das Letras*", *Annali dell'Istituto Universitario Orientale. Sezione Romanza* (Nápoles), XVI (1974), 5-20.
Referencia: *NRFH*, XXIII (1974), 242, núm. 23-2252.

304   Cutoli, Luis P. "Juicio universal: De Q a Papini", *Informaciones* (M), año LIII, núm. 16-265 (22 de abril, 1974), p. 17. ej: C

305   Cvitanovic, Dinko. "Hipótesis sobre la significación del sueño

Guía bibliográfica

en Q, Calderón y Shakespeare", en una colección de estudios reunidos por Cvitanovic, titulada *El sueño y su representación en el Barroco español* (Bahía Blanca, 1969), pp. 9-89. Publicación de *Cuadernos del Sur.* ej: C
También contiene los estudios por Capurro Robles, Corbatta, y Frentzel. Reseñas: Alatorre, A., *NRFH*, XX (1971), 145-8. Cioranescu, A., *Revue de Littérature Comparée* (París), XLIV (1970), 270-1. Profeti, *Prohemio* (Madrid-Pisa), II (1971), 298-301. Ricard, R., *BHi*, LXXII (1970), 476. Tusón, *Caravalle. Cahiers du Monde Hispanique et Luso-Brésilien* (Tolosa), núm. 14 (1970), 175-7.

306   Da Costa Ramalho, Américo. "Um epigrama em Latim, imitado por vários", *Humanitas* (Coimbra), IV (Nueva serie, I) (1952), 60-5, y V-VI (Nueva serie, II-III) (1953-4), 55-64. ej: C, I
En relación con el soneto de Q, "Buscas en Roma a Roma, ¡oh peregrino!". Reseña: Mena Betancourt, A.R., *BICC*, X (1954), 442-3. ej: C

307   Dalmasso, O.B. "El soneto 'En los claustros de l'alma la herida' de Q", *Comunicaciones de Literatura Española* (BA), I (1972), 14-18.
Referencia: *NRFH*, XXII (1973), 470, núm. 22-5433.

308   Damiani, Bruno. "Una nota su due diverse accezioni del 'Truancy' in Petrarca e Q", en *Studies in Honor of Tatiana Fotitch*, ed. Josep M. Sola-Solé, Alessandro S. Crisafulli, y Siegfried A. Schultz (Washington, D.C., 1973), pp. 333-40.
Referencia: *1973 MLA Int'l Bibl.*, II, p. 69, núm. 4280.

309   Davies, Gareth A. *A Poet at Court: Antonio Hurtado de Mendoza (1586-1644)* (Oxford, 1971), 367pp. ej: C
Sobre Q, las pp. 50-3, y 72-6, y muchas citas registradas en el índice onomástico.

Dedeblay, Ch. Véase Foulché-Delbosc, R.

310   De Ley, Margo. "The *Romances* of Francisco de Q", 44pp. mecanografiadas, con dos apéndices. Tesis de licenciatura, Univ. de Illinois, Urbana, 1965. ej: C
Clasificación de los 161 romances de Q.

311   ——, y Crosby, James O. "Originality, Imitation and Parody in Q's Ballad of the Cid and the Lion ('Medio día era por filo')", *Studies in Philology*, LXVI (1969), 155-67.
Reseña: *YWMLS*, XXXI (1969), 209.

312   Del Campo, Eladio. "Villegas es el padre de la anacreóntica

51

española (Alegato contra el señor Astrana Marín)", *Berceo* (Logroño), XVI (1961), núm. 59, pp. 193-205; núm. 60, 349-60; núm. 61, 489-97; XVII (1962), núm. 63, 188-99; núm. 65, 359-70; XVIII (1963), núm. 68, pp. 239-56 (conclusión). Sobre la anacreóntica de Q y la de Esteban Manuel de Villegas. Referencia y reseñas: Batlle Galart, C., *IHE*, VIII (1962), pp. 67-8, núm. 43.624; p. 446, núm. 46.576; X (1964), p. 314, núm. 54.119; XI (1965), p. 437, núm. 58.770.

313   Del Monte, Alberto. *Itinerario del romanzo picaresco spagnolo* (Bolonia, 1957), 128pp. ej: D, I
Sobre Q, el capítulo II, "Apoteosi del pícaro", pp. 88-100; III, "Agonía del pícaro", pp. 101-20; y la "Conclusione", pp. 121-8. Hay traducción revisada: *Itinerario de la novela picaresca española* (B, 1970), 205pp. Reseña: *YWMLS*, XXXIII (1971), 259.

314   Del Piero, Raúl A. "Algunas fuentes de Q", *NRFH*, XII (1958), 36-52.
Sobre el pasaje de los herejes en el *Sueño del Infierno*, y sobre el *Job* de Q y la Biblia regia. Reseñas: Goethals, J., *LR*, XIV (1960), 271-2. Molas Batllorí, J., *IHE*, VII (1961), 94, núm. 39.868. *YWMLS*, XX (1958), 203.

315   ——. "Dos citas latinas de Q", *RF*, LXIX (1957), 67-71. ej: C
Sobre una cita de Tertuliano y otra de Séneca en el *Job* de Q. Reseña: Llorente Maldonado de Guevara, A., *RFE*, XLV (1962), 365.

316   ——. "La respuesta de Pérez de Montalbán a la *Perinola* de Q", *PMLA*, LXXVI (1961), 40-7.

317   ——. "Las fuentes del *Job* de Q", *Boletín de Filología* (Instituto de Filología, Univ. de Santiago, Chile), XX (1969), 17-133. ej: Harvard

318   ——. "Las fuentes del *Job* de Q". Tesis doctoral de la Univ. de Harvard (1958).
Referencia: *NRFH*, XIV (1960), 216, núm. 39.561.

319   ——. "Observaciones para una edición crítica del *Job* de Q", *Filologia Romanza* (Turín), V (1958), 343-64. ej: I

320   ——. "Q y Jacques Salian de Aviñón", *BHi*, LX (1958), 367-74. ej: C
Los *Annales* de Salian como una fuente del *Job* de Q. Reseñas: Beser Ortí, S., *IHE*, V (1959), 522, núm. 33.330. Groult, P., *LR*, XIV (1960), 272. López Estrada, F., *RFE*, XLIII (1960), 243.

321   ——. "Q y Juan de Pineda", *Modern Philology* (Chicago), LVI

(1958-9), 82-91. ej: C
Sobre la polémica entre Q y P respecto a la *Política de Dios*, la sátira de Q sobre P en *La isla de los Monopantos*, y P como fuente del *Job* de Q, quien aquí alaba a P.

322 ——. "Q y la *Polyanthea*", *Hispanófila*, núm. 4 (1958), 49-55.
ej: I, C
La *Polyanthea* de Langius como una fuente del *Job* y de la *Providencia de Dios* de Q. Reseña: Y[vette] B[áez], *NRFH*, XVIII (1965-6), 534.

323 ——. "Two Notes on Q's *Job*", *Romanic Review*, L (1959), 9-24.
Sobre un "Ur-*Job*" de 1631, y un pasaje autobiográfico. Reseñas: Beser Ortí, S., *IHE*, VI (1960), 505, núm. 37.889. Alatorre, A., *NRFH*, XXI (1972), 147.

324 ——. "Una obra perdida de Q, y dos memoriales del Duque de Osuna", *RABM*, LXVII (1959), 175-92. ej: C
La obra perdida es, *Dichos y hechos del excelentísimo señor Duque de Osuna en Flandes, Sicilia, y Nápoles*, comentada en las pp. 175-8. Reseña: Rubió Lois, J., *IHE*, V (1959), 304, núm. 31.533.

325 Delacroix, Pierre. "Q et Sénèque", *BHi*, LVI (1954), 305-7.
ej: C   Resumen de un *Mémoire de diplôme*.
Reseña: *YWMLS*, XVI (1954), 188.

326 Derjavine, K. Prólogo y notas a su traducción al ruso del *Buscón* (Kiev, 1956).
Referencia: G. Baudot, "Les Études hispaniques en U.R.S.S.", *Les Langues Néo-Latines* (París), LV (1961), 67. ej: Univ. de California, Berkeley.

327 Devoto, Daniel. *Textos y contextos: Estudios sobre la tradición* (M, 1974), 609pp.
Se cita a Q con mucha frecuencia; véase el Índice, p. 586.

328 Díaz, José Pedro. "Un contacto [de Bécquer] con Q", en su libro *Gustavo Adolfo Bécquer: Vida y poesía* (M, 1953), pp. 275-7. ej: D
Reseña: Cano, J.L., *Íns*, IX, núm. 99 (1954), 6-7.

329 Díaz de Escovar, Narciso, y Urbano Carrere, Ramón A. (Música de José Cabas Galván), *El amigo de Q* (Málaga, 1896), 36pp. ej: BN
Zarzuela en un acto y cuatro cuadros, y en verso.

330 Diego, Gerardo. "Vida del Parnaso", *Villa de Madrid* (M), III, núm. 12 (1961), 4-8. ej: F

Lope, Cervantes y Q en las academias de Madrid; sobre Q, pp. 6-7.

331 Díez y Carbonell, Augusto. "La sintaxis de las partículas en el *Sueño de las calaveras* de Q". Tesis doctoral (M, 1912), 16pp.
Referencia: F. Buendía, "Bibl. general", ed. de Q, *Verso*, 1960, p.1380b.

332 Dixon, Victor. "Juan Pérez de Montalbán's *Para todos*", *HR*, XXXII (1964), 36-59.
El *Para todos* no es ataque contra Q. Reseña: Rico Manrique, F. *IHE*, XI (1965), 436, núm. 58.763.

333 Duff, Charles. Prólogo y notas a su traducción de Q, *The Choice Humorous and Satirical Works* (Londres y Nueva York [1926]), xlvii, 407pp. ej: C
Traducciones de *El Buscón*, los *Sueños*, el *Infierno enmendado*, *La hora de todos*, y algunas obras cortas. Reseñas: Bolin, Luis Antonio, *ABC*, 9 de dic., 1926 (ej: C). Trend, John B., *The Observer*, 12 de sept., 1926 (ej: C).

334 ——. "Reflexiones sobre Q", *Boletín del Instituto Español* (Londres), febrero de 1948, pp. 7-10. ej: C

335 Dunn, Peter N. "El individuo y la sociedad en la *Vida del Buscón*", *BHi*, LII (1950), 375-96. ej: C
Reseñas: Jareño, Ernesto-Fco, *Revista Internacional de Sociología* (C.S.I.C), IX (1951), 588-91 (ej: I).   H.B., *NRFH*, XIII (1959), 155-6. *YWMLS*, XIII (1951), 141.

336 Durán, Manuel. "Algunos neologismos en Q", *MLN*, LXX (1955), 117-19.
Sobre el soneto, "¿Socio otra vez? ¡Oh tú, que desbudelas! ". Reseña: *YWMLS*, XVII (1955), 198.

337 ——. "El sentido del tiempo en Q", *Cuadernos Americanos* (México), XIII (1954), 273-88. ej: C
Reseña: C[arlos] H. M[agis], *NRFH*, XVII (1963-4), 133.

338 ——. "Los contrastes en el estilo de Q", *Íns*, IX, núm. 102 (junio, 1954), pp. 1 y 4.

339 ——. "Manierismo en Q", *Actas del Segundo Congreso Internacional de Hispanistas*, ed. J. Sánchez Romeralo y N. Poulussen (Nijmegen, Holanda, 1967), pp. 301-8. ej: Harvard
Reseña: *YWMLS*, XXX (1968), 210-11.

340 ——. "Motivación y valor de la expresión literaria en Q". Tesis doctoral de la Univ. de Princeton, 246pp.
Hay resumen en: *DA*, XIV (1954), 123.

341 —. "Poesía y paradoja", *Íns*, XIII, núm. 134 (1958), pp. 1 y
11-12.
Poesía y paradoja en Q, y en otros poetas.

342 —. "Q y la vida como espectáculo", *Universidad de México*,
VIII, núm. 9 (1953-4).
Referencia: *NRFH*, IX (1955), 456, núm. 18.000.

343 —. "Rasgos 'modernos' del estilo de Q", *H*, XXXVII(1954),
429-31.

Eguílaz, Luis. Véase Gil, Isidoro.

344 Elías de Tejada, Francisco. "Q paladín de la hegemonía napo-
litana en Italia", en su libro, *Nápoles hispánico*. Tomo IV: *Las
Españas argenteas (1598-1621)* (Sevilla, 1961), pp. 567-79.
ej: BN
Reseña: Mercader Riba, J., *IHE*, XI (1965), 432-3, núm. 58.732.

345 Elliott, J.H. "Nueva luz sobre la prisión de Q y Adam de la
Parra", *Boletín de la Real Academia de la Historia* (M),
CLXIX (1972), 171-82.
Sobre la prisión de Q en 1639. Reseña: *YWMLS*, XXXIV (1972), 214.

346 Elwert, W. Theodor. "Le varietà nazionali della poesia baroc-
ca", *Convivium* (Bolonia), nueva serie, XXV, núm. 6 (1957),
670-9; XXVI, núm. 1 (1958), 27-42. ej: I
Para España: Lope, Q y Góngora. Reseña: Sacrez, C., *LR*, XIII (1959),
322-3.

347 Entrambasaguas, Joaquín de. "Alusiones literarias en un li-
brillo olvidado", *Correo Erudito* (M), III (1942), 130-3. ej: F
El libro es: Antolínez de Piedrabuena, *Carnestolendas de Zaragoza en
sus tres días*, Zaragoza, Agustín Verges, 1661. (ej: BN, signaturas R/1.452
y R/19.398). La alusión a Q es satírica.

348 —. "El pensamiento de Q", *RLit*, VI (1954), 357-60. ej: D
Reseña: Molas Batllorí, J., *IHE*, II (1955), 183, núm. 8519.

349 —. "Semántica de una errata del *Buscón*", *RFE*, XXXIX
(1955), 220-31. ej: I
Sobre 'overo' como 'ojo en forma de huevo'. Reseña: Lope Blanch, J.M.,
NRFH, XIII (1959), 402.

350 —. *Un misterio desvelado en la bibliografía de Góngora* (M,
1962), 99pp. ej: BN (Varios, Caja 5119, núm. 14).
Fue Q quien denunció a la Inquisición la primera ed. de las *Obras* de
Góngora. Reseña: Marco Revilla, J., *IHE*, IX (1963), 250, núm. 49.405.

351 —. "Una alusión al *Quijote* en el *Buscón* de Q", *Revista Bibliográfica y Documental* (M), III (1949), suplemento titulado *Miscelánea erudita*, 26-7. ej: I
Sobre la frase "iba caballero en el rucio de la Mancha". Reseñas: Molas Batllorí, J., *IHE*, IV (1958), 102, núm. 24.740. *Íns*, XII, núm. 126 (1957), suplemento bibliográfico.

352 —. "Una rara edicionilla de Q", *Revista Bibliográfica y Documental*, V (1951), suplemento titulado *Miscelánea erudita*, tercera serie, artículo núm. xxiv, 6-7. ej: I
Sobre una ed. del *Libro de todas las cosas* y del *Cuento de cuentos*, publicada en M, 1848. Reseña: Molas Batllorí, J., *IHE*, IV (1958), 102, núm. 24.738.

353 —. "Varios datos referentes al Inquisidor Juan Adam de la Parra", *BRAE*, XVII (1930), 113-31, 211-26, 539-70, y 704-20.
Sobre su amistad con Q: pp. 215-20, amén de otras referencias.

354 Entwistle, William J. "La universidad en la literatura clásica española", *Clavileño*, I, núm. 6 (1950), 7-12. ej: F
Sobre Q, pp. 9 y 12.

355 Eoff, Sherman. "*Oliver Twist* and the Spanish Picaresque Novel", *Studies in Philology* (Chapel Hill, N.C.), LIV (1957), 440-7. ej: C, I
Inter alia, sobre *El Buscón* como la fuente de algún pasaje de *Oliver Twist*.

356 —. "Tragedy of the Unwanted Person in Three Versions: Pablos de Segovia, Pito Pérez, Pascual Duarte", *H*, XXXIX (1956), 190-6.

357 Espín Rael, Joaquín. *Investigaciones sobre el "Quijote" apócrifo* (M, 1942), 99pp. ej: I
Sostiene la tesis de que el autor del *Quijote* apócrifo fue Q; pero véase la reseña de Enriqueta Terzano, *Revista de Filología Hispánica* (BA), V (1943), 183-6. ej: I

358 —. "Un rencor de Cervantes que se descubre en el *Quijote*", *Correo Erudito* (M), IV (1946), 138-44. ej: F
Sobre la enemistad entre Cervantes y Q, y la posible colaboración de Q en el *Quijote* de Avellaneda.

359 Espina, Antonio. "Q y las mujeres: Una forma del Romanticismo", *RdA*, X (1947), 340-51. ej: I, Y

360 Espina García, Antonio. *Q: Estudio y antología* (M, 1945),

157pp. ej: C, I, BN
También M, 1962, 187pp. Reseña: Gullón, R., *BBMP*, XXI (1945), 544-8. ej: C, Y, BN

361 Esquerra, Ramón. Prólogo y notas a una traducción española de Santo Tomás Moro, *Utopia: El estado perfecto* (B, 1937), 50, 252pp. ej: C
Sobre Q: pp. 46-7. También B, 1948. ej: BN

362 Ettinghausen, Henry. "Acerca de las fechas de redacción de cuatro obras neoestoicas de Q", *BRAE*, LI (1971), 161-73.
Reseñas: *BICC*, XXVII (1972), núm. 2, 359. *YWMLS*, XXXIII (1971), 261.

363 ——. *Francisco de Q and the Neostoic Movement* (Oxford, 1972), 178pp. ej: C
Reseñas: Gendreau, Michèle, *BHi*, LXXV (1973), 213-16.[Jones, R.O.], *The Times Literary Supplement* (Londres), 25 de mayo, 1973, p. 596. *YWMLS*, XXXIV (1972), 214. Blüher, K.A., *HR*, XLIV (1976), 186-9.

364 ——. "Neo-Stoicism in Pictures: Lipsius and the Engraved Title-Page and Portrait in Q's *Epicteto y Phocilides*", *MLR*, LXVI (1971), 94-100.

365 ——. "Q and Neo-Stoicism". Tesis doctoral de la Universidad de Oxford (1968).
Referencia: *BHS*, XLIX (1972), 332, núm. 77.

366 ——. "Q Marginalia: His Copy of Florus's *Epitome*", *MLR*, LIX (1964), 391-8. ej: C
Reseña: *YWMLS*: XXVII (1965), 186.

367 ——. "Q's *Respuesta al P. Pineda* and the Text of the *Política de Dios*", *BHS*, XLVI (1969), 320-30.

368 ——. "Un nuevo manuscrito autógrafo de Q", *BRAE*, LII (1972), 211-84.
Poesías. Reseña: *YWMLS*, XXXIV (1972), 211.

368bis Feijóo y Montenegro, Benito Jerónimo [Nota sobre la erudición de Q], en su *Theatro crítico universal* (M, 1765), t. II, Discurso V, "Uso de la mágica", pp. 168-9, artículo 42 (ejemplar de la Biblioteca de Menéndez Pelayo).

369 Fernández, Sergio. "El desamor", en su libro, *Ensayos sobre literatura española de los siglos XVI y XVII* (México, 1961), pp. 155-71. ej: Harvard

370 ——. "El inmanentismo del Infierno de Q", *Filosofía y Letras*

(México), XXIII (1952), 175-81. ej: C, I, N
También en *Armas y Letras* (Monterrey, México), año IX (1952), núm. 3. ej: I
Reseña: *YWMLS*, XV (1953), 161.

371 —. *Ideas sociales y políticas en el "Infierno" de Dante y en los "Sueños" de Q* (México, 1950), 248pp. ej: C, Y

372 —. "El pastelero malaventurado", *Actual* (Mérida, Venezuela), núm. 1 (1968), 5-22.
Sobre el *Sueño del Juicio final.* Referencia: *NRFH*, XX (1971), 587, núm. 20-7935.

373 Fernández Clérigo, Luis. *Aspectos de Q* (México, 1947), xxix, 94pp. (Biblioteca Enciclopédica Popular, CLIV). ej: I, C
Biografía (pp. v-xvii), prólogo (pp. xix-xxix), y selección de textos.

374 Fernández de León, Melchor. *La vida del Gran Tacaño. Comedia.* Copia manuscrita entre las *Obras de don Melchor [Fernández] de León . . . trasladadas el año 1689*, ms. 18.331 de la BN, folios 81-139.
Esta comedia se ha atribuido a Joseph Cañizares (véase su ficha); en 1689 tenía Cañizares 13 años. No sabemos si es cierta la fecha del ms, ni si acaso refundió Cañizares la comedia.

375 Fernández Duro, Cesáreo. *El gran Duque de Osuna y su marina* (M, 1885), 458pp. ej: C
Q en las pp. 5, 56, 123, 141, 169, 170, 177.

Fernández Galiano, Manuel. Véase Galiano, Manuel F.

376 Fernández Gómez, Carlos. *Vocabulario de las obras completas de don Francisco de Q Villegas* (M, 1957), 2.559pp.
Son tres tomos mecanografiados en hojas de tamaño folio, a dos caras; original en la Sección de Manuscritos de la BN; copia a carbón perteneciente a C, que parará en I.

377 Fernández-Guerra, Aureliano [Discurso de recepción en la Real Academia Española] (M, 1857), pp. 5-31. Contestación del Marqués de Molins, pp. 35-58. ej: C
Sobre Francisco de la Torre como persona real, y distinta de Q; pero véase Crawford, J.P.W.

378 —. Prólogo y notas a su ed. de Q, *Obras* [en prosa](M, 1852, 1859), 2 tomos: cxxxv, 551pp; xlii, 687pp. (Biblioteca de Autores Españoles, t. XXIII, XLVIII).
También múltiples reimpresiones fototipográficas.

379 ——. Introducción, notas, y bibliografía en su ed. de Q, *Obras completas*, con notas y adiciones de M. Menéndez Pelayo (Sevilla, 1897-1907), 3 tomos. ej: I, Y, BN

380 ——. Prólogo y notas a su ed. de Q, *Política de Dios* (M, 1867, 1868), 2 tomos: xix, 235pp; xxiii, 447pp. ej: C
El prólogo del t. II, reimpreso en parte, y con pequeñas adiciones, en la *Revista Católica de España* (véase la ficha que sigue).

381 ——. "Q como escritor político", *Revista Católica de España* (M), II (1871), 161-70. ej: BN
Véase la ficha anterior.

382 Fernández y González, Manuel. *Amores y estocadas: Vida turbulenta de Don Francisco de Q* (M, 1950), 351pp. ej: I, N, C
En forma de novela histórica.

383 ——. *Aventuras de don Francisco de Q y Villegas. Narración histórica* (M, 1883-4), 2 t.: 1039pp.; 1343pp. ej: BN
Véase también su pseudónimo, Antonio de San Martín.

384 Ferraté, J. "El tema de la poesía", *Cuadernos Hispanoamericanos* (M), XXXII bis (1957), 78-84. ej: F
Sobre el soneto de Q, "Buscas en Roma a Roma, ¡oh peregrino!", pp. 81-4. También en su libro *Teoría del poema* (B, 1956). Reseña del artículo: *YWMLS*, XIX (1957), 199.

385 Fichter, William L. "Lope de Vega an Imitator of Q?", *Modern Philology*, XXX (1932-3), 141-6. ej: C
Sobre las semejanzas entre la *Premática del tiempo* de Q, y *De cosario a cosario* y *El sembrar en buena tierra* de Lope. Reseñas: Moglia, Raúl, *RFH*, VIII (1946), 158-62. *YWMLS*, IV (1933), 108.

386 Filgueira Valverde, José. "Nuevos documentos para la historia del patronato Jacobeo", *Boletín de la Real Academia Gallega* (La Coruña), XIX, núm. 165 (1924), pp. 216-22 (una carta de Q, 1 de feb., 1628), y pp. 240-3 (sobre "Su espada por Santiago", de Q). ej: H, Harvard

387 Finlayson, C. "Francisco de Q en los grandes temas del hombre", en su *Antología*, ed. de T.P. MacHale (Santiago de Chile, 1969), 259-75.
Reseña: Valderrama Andrade, Carlos, *BICC*, XXVIII (1973), 395. Referencia: *NRFH*, XXIII (1974), 242, núm. 23-2245.

388 Fita, Fidel. "La torre y cárcel de Quevedo en San Marcos de

León: Apuntes histórico-descriptivos", *Boletín de la Real Academia de la Historia* (M), LXXXI (1922), 79-84. ej: F
Trabajo inacabado por muerte del P. Fita.

389 Fitzmaurice Kelly, James. *"La vida del Buscón"*, *RHi*, XLIII (1918), 1-9. ej: C, Y, I, BN
Interpretación general de Q y del *Buscón.*

390 Flórez Canseco, Casimiro. Informe sobre la "Paráfrasis de las Odas de Anacreonte Teyo, por D. Francisco de Q", elevado al Consejo de Castilla el día 8 de enero de 1786, en Madrid.
Publicado por J. Simón Díaz (véase el núm. 920); véase también Bénichou-Roubaud, S., y Serrano y Sanz, Manuel.

391 Forcadas, Alberto. "El Romancero Español, Lope de Vega, Góngora y Q, y sus posibles resonancias en "Sonatina" de Rubén Darío", *QIA*, VI (1972), núm. 41, 1-6.
Referencia: *1973 MLA Int'l Bibl.*, II, p. 94, núm. 5862. Reseña: Forero Otero, A., *BICC*, XXIX (1974), 564.

392 Formosa Torres, Félix. "Los *Gesichte [sic] Philanders von Sittewald.* Una versión alemana de *Los sueños*, por Hans Michael Moscherosch". Tesis doctoral de la Univ. de Barcelona, 1954.
Referencia: *NRFH*, XVIII (1965-6), 347, núm. 18-4007.

393 Foulché-Delbosc, Raymond. Prólogo a su ed. del *Buscón* (Nueva York, G.P. Putnam's Sons, 1917), ix, 207pp. ej: C, BN
Se sigue el texto de la primera ed., Zaragoza, 1626. Reseñas: Castro, A., *RFE*, V (1918), 405-10 (ej: C). Pfandl, L., *Literaturblatt für Germanische und Romanische Philologie*, XLIV, núms 9-12 (1923), 387-9 (ej: C, I, D). Véase el núm. 842.

394 ——. "Notes sur le *Buscón*", *RHi*, XLI (1917), 265-91. ej: C, Y, BN
En las pp. 265-76, se proponen numerosas enmiendas al texto del *Buscón* publicado por Fernández-Guerra en 1852 y por Castro en 1911. En las pp. 276-91, se editan las variantes que sacó F-G del ms. Bueno. Véase el núm. 842.

395 ——. "Poésies inédites de Q", *RHi*, XXXIV (1915), 566-76. ej: BN
Son el soneto "Bizarra estaba ayer doña María", los romances "Ya que al Hospital de Amor" y "Al son de la dulce lira", y las redondillas "Hónranse de tantos modos".

396 Frank de Andrea, Peter. Selección, prólogo y notas a *Francisco*

de Q (México, 1945), xxiii, 25, 95pp. (Biblioteca Enciclopédica Popular, t. LXXVIII). ej: C

397 ——. "El *Ars gubernandi* de Q", *Cuadernos Americanos* (México), IV (1945), 161-85. ej: C, Y

398 Fränkel, Hans Herman. "Figurative Language in the Serious Poetry of Q: A Contribution to the Study of *Conceptismo*". Tesis doctoral de la Universidad de California, Berkeley (1943).
Referencia: *PMLA*, LVIII (1943), 1275.

399 —— "Q's *Letrilla*, 'Flor que cantas, flor que vuelas' ", *Romance Philology*, VI (1952-3), 259-64. ej: C, I

400 Frascione de Almeida Esteves, Maria Helena. "Três cartas da prisão: Marino, Manuel de Melo, Q apócrifo", *Annali dell'Istituto Universitario Orientale. Sezione Romanza* (Nápoles), XI (1969), 53-76. ej: Harvard
Sobre Q, pp. 70-6. Reseña: *YWMLS*, XXXII (1970), 332.

401 Frattoni, Orestes. "Para la lectura de un *Sueño* de Q", *Boletín de Literaturas Hispánicas* (Univ. Nacional del Litoral, Rosario, Argentina), núm. 1 (1959), 29-38. ej: C
Sobre el *Sueño del Juicio final.*

402 Frentzel Beyme, Susana. "Ejemplaridad de la figura humana en *Los sueños* de Q", en Cvitanovic, *El sueño y su representación en el Barroco español*, pp. 142-54. ej: C

403 Friederich, Werner P. "Dante Through the Centuries", *Comparative Literature*, I (1949), 44-54. ej: I, Y, W
Menciona el influjo de Dante en Q y en John Milton. Reseña: Chencinski, J., *NRFH*, XII (1958), 460.

404 Frohock, W.M. "The *Buscón* and Current Criticism", *Homenaje a William L. Fichter: Estudios sobre el teatro antiguo hispánico y otros ensayos*, editado por A. David Kossoff, y José Amor y Vázquez (M, 1971), 223-7.
Referencia: *1972 MLA Int'l Bibl.*, II, p.103, núm. 6378.

404bis ——. "The Failing Center: Recent Fiction and the Picaresque Tradition", *Novel* (Brown University, Providence, Rhode Island, EE.UU.), III (1969), 62-9.
Sobre A.A. Parker. Referencia y reseña: *YWMLS*, XXXII (1970), 228.

405 Fucilla, Joseph G. "A Passage in Q's *Buscón*", *Italica*, XXIII

(1946), 102. ej: I
También en Fucilla, *Relaciones hispano-italianas* (M, 1953), traducido al español: "Un pasaje en *El Buscón* de Q", pp. 135-6. Sobre la fuente en la poesía de Francesco Berni de una descripción de un par de prendas de ropa en el *Buscón*, Libro II, cap. vi de la ed. de Fernando Lázaro, 1965, p. 158.

406   ——. "Intorno ad alcune poesie attribuite a Q", *QIA* (Turín), III (1957), 364-5. ej: C

407   ——. "La fortuna d'un madrigale di Luigi Groto", *La Bibliofilia* (Florencia), LVII (1955), 42-6. ej:BN
Estudia sobre todo una imitación por Q: "Un famoso escultor, Lisis esquiva".

408   ——. "Q", en su libro, *Estudios sobre el petrarquismo en España* (M, 1960), pp. 195-209. ej: C
Reseña: *YWMLS*, XXII (1960), 194.

409   ——. "Riflessi dell'*Adone* di G.B. Marino nelle poesie di Q", *Romania, Scritti offerti a Francesco Piccolo* (Nápoles, 1962), 279-87. ej: C
Reseña: Caldera, E., *QIA* (Turín), IV (1960-3), 297.

410   ——. "Some Imitations of Q and Some Poems Wrongly Attributed to Him", *Romanic Review*, XXI (1930), 228-35. ej: C, I, Y

411   Galiano, Manuel F. "Algo más sobre el ejemplar que utilizó Q", *RBAMAM*, XV (1946), 400-1. ej: C, D, Y
Se refiere al otro artículo de Galiano.

412   ——. "Notas sobre una oda incompleta de Q", *RBAMAM*, XIV (1945), 349-66. ej: C, D, Y
Sobre el texto de la oda "No con estatuas duras"; unas acotaciones de Q en un ejemplar de la poesía de Píndaro; y unas observaciones sobre Q y Píndaro.

413   Gállego, Julián. "Q, ilustrado", *Íns*, tomo XXVII, núm. 307 (junio, 1972), p. 3 (Ilustraciones por Orlando Pelayo y Antonio Saura).

414   Gallegos Valdés, Luis. "Q", en su libro, *Tiro al blanco* (San Salvador, 1952), pp. 65-73. ej: I

415   ——. "Del plagio literario", *Cultura* (San Salvador), núm. 14 (1958), 116-22. ej: Harvard
Sobre el soneto "Es hielo abrasador, es fuego helado", de Q, otro atri-

buido a Q, "Rogarla, desdeñarme, amarla, huirme", y dos de Lope, "Desmayarse, atreverse, estar furioso", y "Sucumbir, atreverse, estar furioso".

416 García, P. Félix. Prólogo a su ed. de Q, *Vida de Santo Tomás de Villanueva* (M, 1955), xvi, 106pp. ej: C
Reseña: Gual Camarena, M., *IHE*, II (1955), 737, núm. 13.590.

417 García Berrio, Antonio. *España e Italia ante el conceptismo* (M, 1968), 244pp.
Referencia y reseña: Díaz Larios, Luis F., *IHE*, XV (1969), 111, núm. 72.951. La segunda parte versa sobre Frugoni, quien conoció bien los escritos de Q; se patentizan las diferencias técnicas e ideológicas entre, los dos.

418 ——. *Q. De sus almas a su alma* (Murcia, 1968), 87pp. ej: BN

419 García Calderón, Ventura. "Del *Buscón*", *RHi*, XLIII (1918), 38-42. ej: C, I, BN

420 García de Mora, M. "Q y sus restos mortales", *ABC* (M), 30 de octubre de 1955.
Referencia: *NRFH*, XII (1958), p. 294, núm. 32.158.

421 García Lorca, Francisco. "Dos sonetos y una canción", *RHM*, XXXIV (1968), 276-87 (*Homenaje a Federico de Onís, 1885-1966*, en 2 tomos).
Sobre Góngora, Q y Lorca; el soneto de Q es, "Miré los muros de la patria mía", pp. 283-7. Reseña: *YWMLS*, XXXI (1969), 208.

422 García Pardo, J. "Don Francisco de Q; que [*sic*] frase", *Azor* (B), núm. 17 (1964), p. 7. ej: BN

423 García Valdecasas, Alfonso. *El hidalgo y el honor* (M, 1948). También (M, 1958), 215pp.
Pp. 44-7: el hidalgo y el trabajo, que apoya en textos de Q; aunque hay otras citas, son de menor importancia y extensión. Reseña: Cano, J.L., *Íns*, III, núm. 29 (1948), 5.

424 García Villada, Zacarías. "Dos códices de las poesías de Fray Luis de León en la Biblioteca Menéndez Pelayo", *BBMP*, IV (1922), 51-79.
Sobre Q como editor de Fr. Luis, pp. 51 y 79.

425 Garciasol, Ramón de. "La poesía de Francisco de Q", *El Nacional* (Caracas), 23 de feb., 1956.
Referencia: *NRFH*, XI (1957), 498, núm. 29.032.

426 Garner, Samuel. Prólogo y notas a su ed. de Manuel Bretón de

los Herreros, *¿Quién es ella? Comedia en cinco actos* (Nueva York, 1905), 17, 176pp. ej: C
Uno de los personajes es Q.

427 Gavaldá, Antonio C. Notas a su ed. de *Pensamientos de Q* (B, 1944), 87pp. (Colección Literatos y Pensadores, VI). ej: BN, Univ. de Texas, Austin.
También (B, 1956), 71pp.

428 Gaztambide y Garbayo, Joaquín. En F. Buendía, "Bibl. de Q", *Obras en verso*, 1960, p. 1384b, se atribuye a Gaztambide una zarzuela sobre Q; pero véase a continuación la ficha de Gil, Isidoro.

429 Geers, G.J. [Ensayo sobre Q], en una traducción inglesa de Q, *Wonderful Dreams*, con un prólogo de E.W. Bredt (Amsterdam, 1957).
Referencia: *NRFH*, XIII (1959), 236, núm. 35.950.

430 ——. "Mateo Alemán y el barroco español", en *1930-55. Homenaje a J.A. van Praag, catedrático de la Universidad de Amsterdam* (Amsterdam, 1956), 164pp.
Sobre el influjo de los judíos y conversos en el barroco, y en Alemán y Q como prototipos. Referencia y reseña: Ortega Canadell, R., *IHE*, III (1957), 747-8, núm. 22.900.

431 Ghiano, Juan Carlos. "Q y su presencia en las letras argentinas", *Logos: Revista de la Facultad de Filosofía y Letras* (BA), V (1946), 119-26. ej: C

432 Giacoman, Helmy F. "El hombre visto como ser-para-la-muerte en Job, Séneca, San Agustín y Francisco de Q", *PSA*, LIII (1969), 123-42.
Muchas referencias a Q.

433 Gil, Isidoro, y Eguílaz, Luis (Música de Manuel Fernández Caballero). *Cuando ahorcaron a Q* (manuscrito de una zarzuela en tres actos y en verso, fechado en 1856). ej: BN (manuscrito 14.545, núm. 13).
Véase A. Paz, *Catálogo de las piezas de teatro* . . . (M, 1935), t. II, p. 122a, núm. 5779.

434 Gil Montero, J. "El complejo de Q", *La Estafeta Literaria* (M), núm. 383 (1967), p. 16. ej: Cornell

435 Gili Gaya, Samuel. *"El Buscón* en la técnica novelística", *Íns*, II, núm. 19 (julio, 1947), 1-2. ej: C

436 ——. *"Guzmán de Alfarache* y las 'Premáticas y aranceles ge-
nerales' ", *BBMP*, XXI (1945), 436-42. ej: C, Y, BN
Demuestra que las Premáticas numeradas 1-22 pueden atribuirse a
Alemán, y las 23 a la final, a Q.

437 ——. Prólogo y notas a su ed. de Q, *Historia de la vida del Buscón* (B, 1941), 20, 133pp.
También Zaragoza, 1945, y 1959 (Clásicos Ebro).

438 ——. Prólogo a su ed. de Q, *Historia de la vida del Buscón*
(Palma de Mallorca, 1948), 21, 224pp. ej: C
Texto de la ed. de A. Castro de 1927.

439 Gillet, Joseph E. "Note sur Rabelais en Espagne", *Revue de
Littérature Comparée* (París), XVI (1936), 140-4. ej: N
Se compara la crítica irreverente del clero en Q, con Rabelais.

440 ——. "The Spanish Idiom *fondo en*", *MLN*, XL (1925), 220-3.
En las pp. 221-2, seis muestras del giro "fondo en" sacadas de textos
de Q, y comentario.

441 Gilman, Stephen. *Cervantes y Avellaneda: Estudio de una
imitación* (México, 1951), 182pp. ej: Y, D
Sobre Q, las pp. 29-35, 80, 125, 151-4, y algunas notas al pie de página
registradas en el índice onomástico.

442 Giménez Caballero, Ernesto. "Infantes (Conmemoración de
Q)", *ABC* (M), 13 set. 1974 [Página sin numerar]. ej: C

443 Giusso, L. "Q, inventore de la leggenda negra", en su libro,
Spagna ed Antispagna (Mazara, Sicilia, 1942), pp. 39-50. ej: D

444 Glaser, Edward. "A Biblical Theme in Iberian Poetry of the
Golden Age: 'Seven years a shepherd Jacob served' ", *Studies
in Philology*, LII (1955), 524-48.
Q en las pp. 533 y 548.

445 ——. "Q versus Pérez de Montalbán: The *Auto del Polifemo*
and the Odyssean Tradition in Golden Age Spain", *HR*,
XXVIII (1960), 103-20.
Reseñas: Marco Revilla, J., *IHE*, VI (1960), 504-5, núm. 37.888.
Valderrama Andrade, *BICC*, XIX (1964), 365. *YWMLS*, XXII (1960),
198 y 203.

446 Glendinning, Nigel. "Una desconocida alusión a Q por un coe-
táneo suyo", *BBMP*, XXXIII (1957), 366-7.
Sobre una nota de Bernardo Cienfuegos, según la cual no quiso Q
prestarle un manuscrito de su propiedad. Reseñas: Batlle Gallart, C.,
IHE, IV (1958), 456, núm. 27.826. *YWMLS*, XX (1958), 202.

447   Goicoechea y Cosculluela, Antonio. "Q filósofo, moralista, político de acción", en un homenaje del Instituto de España: *III Centenario de Q* (M, 1945), pp. 39-63. ej: C

448   Golby, Kenneth J. "A Study of the Theme of Justice in the Prose Works of Francisco de Q y Villegas". Tesis doctoral de la Univ. de Toronto (Canadá).
Hay resumen en *DAI*, XXXII (1972), p. 6928A.

449   Goldenberg, Barbara B. "Q's *Sueños*: A Stylistic Analysis". Tesis doctoral de la Univ. de Columbia, Nueva York, 195pp.
Hay resumen en *DA*, XII (1952), 62-3.

450   Gómez de la Serna, Ramón. [Biografía de Q], en su libro *Biografías completas* (M, Aguilar, 1959), pp. 241-436. ej: F
Reseña: Marco Revilla, J., *IHE*, VI (1960), 322, núm. 36.441.

451   ——. *Q* (BA, 1953), 227pp. (Colección Austral). ej: I, Harvard
También (M, 1962), 234pp. Contiene los artículos sobre "Entrada a Q" (cap. I), "Gatomaquias" (cap. VI), "Q y la muerte" (XV), y "Q y las mujeres" (XVII). Reseñas: Carrasco Urgoiti, M.S., *RHM*, XXI (1955), 342-3. Gómez de la Serna, G., *Clavileño*, V, núm. 27 (1954), 76-7. Entrambasaguas, J., *RLit*, V (1954), 367-71. Reseña de esta última: Molas Batllorí, J., *IHE*, II (1955), 64, núm. 7446.

452   ——. "Entrada a Q", *Cultura* (BA), II, núm. 8 (1950), 23-37. ej: I
También en su libro *Q*, cap. I.

453   ——. "Gatomaquias", *Revista de la Universidad de Buenos Aires*, serie 4, vol. IV (1950), 233-55. ej: C, I
Análisis de dos poemas de Q sobre los gatos: "Enero, mes de coroza", y "Debe de haber ocho días"; y de la *Gatomaquia* de Lope. También en su libro *Q*, cap. VI.

454   ——. "Los tres momentos más decisivos en la vida de Q", *Revista Nacional de Cultura* (Caracas), XIII, núms 90-3 (1952), 40-55. ej: Y

455   ——. "Q, Madrid y América", *CuH* (M), V (1950), 511-22. ej: F

456   ——. "Q y la muerte", *RdI* (Bogotá), XXVI (1945), 33-69. ej: Y
También en su libro *Q*, cap. XV.

457   ——. "Q y las mujeres", *Clavileño*, I, núm. 3 (1950), 63-8. ej: C, I, Y, BN

También en su libro *Q*, cap. XVII.

458 ——. Prólogo a su ed. de Q, *Vida de Marco Bruto* (BA, 1943), xxx, 205pp. ej: C, W
Notas de Ana María Barrenechea.

459 ——. "Supremacía de Q", *Revista Nacional de Educación* (M), año XI, núm. 85 (1949), 9-17. ej: H

460 Gómez Iglesias, A. "Nota al Baile VIII de Q", *RBAMAM*, XIV (1945), 437-50. ej: C
Sobre el baile "A las bodas de Merlo".

461 González de Amezúa y Mayo, Agustín. *Fases y caracteres de la influencia del Dante en España* (M, 1922), 77pp. ej: C
Sobre Q, pp. 68-73.

462 ——. "Las polémicas literarias sobre el *Para todos* del Dr Juan Pérez de Montalbán", *Estudios dedicados a Menéndez Pidal*, II (M, 1951), 409-43.
Sobre Q, las pp. 419-26. Reseña: Mejía Sánchez, Ernesto, *NRFH*, XI (1957), 93-4.

463 ——. "Las almas de Q", *BRAE*, XXV (1946), 251-98 (Discurso leído ante la Academia). ej: C, Harvard
Reseña: Amaya Valencia, E., *BICC*, III (1947), 347. También (M, 1946), 52pp; y también en su libro *Opúsculos histórico-literarios* (M, 1951), I. Reseña del último: Cano, J.L., *Íns*, VII, núm. 77 (1952), 7.

464 ——. Prólogo a su ed. de Juan Pérez de Montalbán, *Sucesos y prodigios de amor en ocho novelas ejemplares* (M, 1949), págs. vii-xxvii. Q especialmente en vii-x y xxii-xxiv.
Sobre la enemistad Montalbán-Q, y la *Perinola*.

465 González de la Calle, Pedro Urbano. *Q y los dos Sénecas* (México, 1965), 344pp. ej: C, Harvard
Reseñas: Aparicio López, T., *Archivo Agustiniano* (M), LIX (1965), 419. Delgado León, F., *IHE*, XI (1965), 436, núm. 58.765. Mazzei, A., *Nac* (BA), 29 de mayo, 1966. Price, R.M., *BHS*, XLIV (1967), 67-8. *YWMLS*, XXVIII (1966), 201.

466 González del Valle, Juan. "Realismo e irrealismo de la Edad de Oro española (Ensayo en dos caras)", *Hora de España* (B), XV (1938), 29-39.
Sobre el dualismo Ribera-Q, pp. 36-9. Falta mi referencia.

467 González Palencia, Ángel. *Del "Lazarillo" a Q* (M, 1946), 430pp. ej: C, BN

Quevedo

Contiene cuatro de los artículos registrados a continuación: "Q plei-tista", "Q pleitista y enamorado", "Q por de dentro", y "Un admini-strador de Q". Reseñas: Green, O.H., *HR*, XV (1947), 475-6. Hernández i Roig, E., *Estudis Romànics* (B), II (1949-50), 284-5 (ej: I). Pujals, E., *BHS*, XXIV (1947), 208 (ej: Y). Zamora Vicente, A., *NRFH*, III (1949), 86-7. *Revista da Faculdade de Letras* (Lisboa), XIII (1947), 113-16.

468 ——. "La novia de Q", *RBAMAM*, XV (1946), 309-77. ej: C, BN

469 ——. "Pleitos de Q con la Villa de la Torre de Juan Abad", *BRAE*, XIV (1927), 495-519, 600-19. ej: I
Reseña: S.R.M., *Anales de la Univ. de Valladolid*, I (1928), 46-7. También se publicó el artículo sobre los "Pleitos de Q" en el libro de González Palencia titulado, *Historias y leyendas* (M, 1942), 423-81 (ej: C). Reseñas: Torres Quintero, R., *BICC*, II (1946), 553-5. *RFE*, XXVI (1942), 553-4.

470 ——. "Q, pleitista", *RBAMAM*, XIV (1945), 255-347. ej: BN
También: González Palencia, Ángel, *Del "Lazarillo" a Q* (M, 1946), 305-418 (Sobre el "Pleito con la Torre de Juan Abad", pp. 311-94, y los "Pleitos por el censo sobre el mesón de Alonso Abad", pp. 395-418). ej: C

471 ——. "Q, pleitista y enamorado", en un homenaje del Instituto de España: *III Centenario de Q* (M, 1945), 7-20. ej: C
También: González Palencia, Ángel, *Del "Lazarillo" a Q* (M, 1946), 257-71. ej: C

472 ——. "Q por de dentro", en un *Homenaje del Instituto Nacio-nal del Libro Español: III Centenario de la Muerte de D. Fran-cisco de Q Villegas* (M, 1945), 30pp.
También en su libro *Del "Lazarillo" a Q* (M, 1946), 273-304. Reseñas: Pastor Mateos, E., *RBAMAM*, XIV (1945), 503-4 (ej: C). López Estrada, F., *RFE*, XXIX (1945), 381-2.

473 ——. "Q, Tirso, y las comedias ante la Junta de Reformación", *BRAE*, XXV (1946), 43-84. ej: C
Reseñas: López Estrada, F., *RFE*, XXX (1946), 192-3. Amaya Valen-cia, E., *BICC*, III (1947), 345-6.

474 ——. "Un administrador de Q", *Med* (Valencia), IV (1946), 95-99. ej: C
También en su libro *Del "Lazarillo" a Q* (M, 1946), 419-26. Sobre Jerónimo de Rivera, y las noticias de Q que hay en el codicilo del testamento de Rivera, otorgado en 1607. ej: C

475 ——. y Mele, Eugenio. "El Amor, ladronzuelo de miel (diva-

gaciones a propósito de un idilio de Teócrito y de una anacreóntica)", *BRAE*, XXIX (1949), 189-228, 375-411.
Sobre Q, pp. 380-411.

476   Goyanes Capdevila, José. *La sátira contra los médicos y la medicina en los libros de Q* (M, 1934), 30pp. (Conferencia leída en la "Fiesta del Libro"). ej: C, BN,Univ. de Nuevo México (Albuquerque)

477   Goyoaga y Escario, José Luis de. *D. Francisco de Q y su significación en la literatura española* (Bilbao, 1942), 43pp. (Conferencia pronunciada en Bilbao el día 23 de febrero, 1942). ej: C, N
También en *Armas y Letras* (Monterrey, México), IX (1954), núm.2, según *NRFH*, X (1956), 132, núm. 19.535.

478   Green, Otis H. "A Hispanist's Thoughts on the *Anatomy of Satire* [by Gilbert Highet]", *Romance Philology*, XVII (1963-4), 123-33.
Sobre Q, las pp. 125 y 132.

479   ——. *Courtly Love in Q* (Boulder, 1952), 82pp. (Univ. of Colorado Studies: Series in Language and Literature, III). ej: C, Univ. Colorado
Reseñas: Anónimo, *Íns*, IX (1954), núm. 97. Aubrun, Charles V., *BHi*, LIV (1952), 230. Guiter, H., *Revue des Langues Romanes*, LXXI (1952), 208-10 (ej: I). Lapesa, Rafael, *HR*, XXI (1953), 237-43. MacCurdy, R., *H*, XXXV (1952), 373-4. Révah, I.S., *Bulletin des Études Portugaises* (Lisboa y París), XVII (1953), 258-9. Schalk, F., *RF*, LXV (1953), 203-5. Terry, A.H., *MLR*, XLVIII (1953), 252. *YWMLS*, XIV (1952), 138. Véase también sobre este tema el núm. 671.
Traducción al español: *El amor cortés en Q* (Zaragoza, 1955), 140pp. (ej: C, Harvard). Reseña: Ortega Canadell, R., *IHE*, III (1957), 297, núm. 18.459.

480   Gregores, Emma. "El humanismo de Q", *Anales de Filología Clásica* (BA), VI (1953-4), 91-105. ej: C, I

481   Groult, P. "Q, defenseur des calomniés", *LR*, XXII (1968), 302 (Es reseña del núm. 526).

482   Guerra Flores, José. "La angustia existencialista de Q", *Abside* (México), XXIII (1959), 216-19. ej: C, I

483   Guillén, Jorge. "Al margen de Q. Obsesión", y "La vieja y don Francisco", *PSA*, XXX (1963), 335-6.
Son dos poemas. También en su libro *Aire nuestro* (Milán, 1968), con

otros 5 poemas, titulados: "Hora de la verdad", "Regino Soler", "Ofrecimiento del tesoro", "Hay quien discurre así" y "Hora de las diferencias" (pp. 1136-41). En el libro más reciente de Guillén (*Y otros poemas*, BA, 1973), hay dos poemas nuevos sobre Q, titulados "Concertillo" (p. 251), y "Quevedo" (pp. 252-3).

484 Guillén Buzarán, Juan. *Discurso leído ante la Real Academia Sevillana de Buenas Letras*, en la recepción de su autor, el 4 de abril, 1858 (Sevilla, 1858), 20pp. ej: C
Sobre los "escritos y carácter tradicional" de Q. También en *Discursos leídos ante la Real Academia Sevillana de Buenas Letras* (Sevilla, 1875), tomo I, 3-24. ej: BN, CSIC

485 ——. "Estudios histórico-literarios: D. Francisco de Q Villegas", *Revista de Ciencias, Literatura y Artes* (Sevilla), I (1855), 204-15, 253-68. ej: H
Son dos artículos biográficos, capítulos de un libro proyectado sobre Olivares.

486 Gutiérrez Girardot, R. "El pícaro estoico", *Eco* (Bogotá), XIV (1966-7), 469-76. ej: Cornell
Sobre *El Buscón*.

487 Hafter, Monroe Z. "Sobre la singularidad de la *Política de Dios*", *NRFH*, XIII (1959), 101-4.
Reseña: Sumoy Sentís, R., *IHE*, IX (1963), 436, núm. 50.805.

488 ——. "The Prince in Q, Saavedra Fajardo and Gracián: A Study of the Prose Writings on the Formation of the Pre-Eminent Man in Seventeenth-Century Spain". Tesis doctoral de la Univ. de Harvard (1956).
Referencia: *NRFH*, XI (1957), 469, núm. 28.169.

489 Haley, George. "The Earliest Dated Manuscript of Q's *Sueño del Juicio Final*", *Modern Philology*, LXVII (1969-70), 238-62.

490 Halsey, Martha T. "Esquilache, Velázquez, and Q: Three Historical Figures in Contemporary Spanish Drama", *Kentucky Romance Quarterly* (Lexington), XVII (1970), 109-26. ej: C, D
Sobre el "Q" de Alejandro Casona, pp. 121-6; véase también el núm. 218 anterior.

491 Hammond, John Hayes. "A Plagiarism from Q's *Sueños*", *MLN*, LXIV (1949), 329-31.
En *El Rey Gallo*, Valencia, 1694, pp. 126-7, imita Santos a *Los sueños*,

Clás. Castellanos, pp. 200-3. Reseña: Alatorre, A., *NRFH,* X (1956), 239.

492 ——. *Francisco Santos' Indebtedness to Gracián* (Austin, 1950), 102pp. ej: I
Sobre Q, pp. 28-30, 38. Reseñas: Muñoz Cortés, Manuel, *Clavileño,* III, núm. 13 (1952), 73-4. Wardropper, Bruce W., *MLN,* LXVII (1952), 138-9.

493 Harter, Hugh A. "Language and Mask: The Problem of Reality in Q's *Buscón*", *Kentucky Foreign Language Quarterly,* IX (1962), 205-9. ej: C, Harvard
Reseña: *YWMLS,* XXV (1963), 168.

494 ——. *The Scavenger* [traducción al inglés del *Buscón*] (Nueva York, 1962), 146pp. ej: D
Reseñas: Browne, *H,* XLVI (1963), 189-90. Del Río, A., *RHM,* XXX (1964), 151.

495 Hatzfeld, Helmut. "Poetas españoles de resonancia universal", *H,* XL (1957), 261-9.
Sobre Q, pp. 266-7, y 269.

496 Hauffen, A. "Zu den Quellen der *Geschichte Philanders von Sittewald,* von Moscherosch", *Euphorion* (Leipzig y Viena), VII (1900), 699-702. ej: D

497 Heidenreich, Helmut. "Hieronymus Bosch in Some Literary Contexts", *Journal of the Warburg and Courtauld Institutes* (Univ. de Londres), XXXIII (1970), 171-99. ej: C, Harvard
Reseña: *YWMLS,* XXXII (1970), 231.

498 Hendrix, W.S. "Q, Guevara, Le Sage, and the *Tatler*", *Modern Philology,* XIX (1921-2), 177-86. ej: D
Sobre Q, las pp. 178-83: su influencia en la revista inglesa, *Tatler.*

499 Herbert, Karl. "Zur Syntax des Q". Tesis de la Univ. de Frankfurt-am-Main (1922), 109pp. mecanografiadas.
Falta mi referencia.

500 Hernández y Fernández, Esteban. *Los amores de Q. Recuerdos de la Corte de Felipe IV. Novela histórica* (M, 1877), 236pp. ej: BN
Sobre la boda de Q y doña Esperanza de Cetina.

501 Herrán, Fermín. Véase Rose, R. Selden, como editor de un drama de Eulogio Florentino Sanz.

502 Herrero, Jacinto. "Q en San Marcos", poema reproducido junto con otro, en "Dos poemas de Jacinto Herrero", *Íns,*

Quevedo

año XXIX, núm. 336 (1974), p. 3.
También en su libro *La trampa del cazador* (M, Ediciones Rialp, 1974), 55pp (Colección Adonais).

503   Herrero García, Miguel. "Bibliografía complementaria de Q", en *Aportación a la bibliografía de Q*, homenaje del Instituto Nacional del Libro Español en el III Centenario de su muerte (M, 1945), pp. 44-58. ej: C, Harvard
También en *Bibliografía Hispánica* (M), IV, núm. 12 (1945), 682-95.

504   —. "Imitación de Q (por Salas Barbardillo)", *RBAMAM*, V (1928), 307-9. ej: BN, D

505   —. "La primera edición del *Buscón* 'pirateada' ",*RBAMAM*, XIV (1945), 367-80. ej: C
Existe una edición pirateada de Madrid, 1626.

506   —. "Una clase social del siglo XVII", *BBMP*, volumen extraordinario en homenaje a Don Miguel Artigas,I(1931), 93-111. Se refiere a los literatos como "clase social"; sobre Q, las pp. 95-7, 99-104, y 110-11.

507   Hespelt, E. Herman. "Q's *Buscón* as a Chap-Book", *Papers of the Bibliographical Society of America* (Nueva York), XLIV (1950), 66-9.

508   Hesse, Everett W. "The Protean Changes in Q's *Buscón*", *Kentucky Romance Quarterly*, XVI (1969), 243-59. ej: C
Reseña: *YWMLS*, XXXII (1970), 231.

509   Hill, John M. "Una jácara de Q", *RHi*, LXXII (1928), 493-503. ej: C, I, BN, H
Sobre la jácara "Hagamos cuenta con pago", y el romance "Villodres con Guirindaina".

510   Holguín, Andrés. "¿Fue Q un filósofo?", *Universidad Nacional de Colombia* (Bogotá), núm. 3 (1945), 55-63. ej: Harvard
Reseña: J.A.C. (¿Juan Antonio Cabezas?), *REP* (M), XIV (1946), 403-5. ej: BN

Holman, Alvin F. Véase Crosby, J.O., "Nuevos manuscritos".

511   Hoover, Louise E. "John Donne and Francisco de Q: Poets of Love and Death". Tesis doctoral de la Univ. de North Carolina (Chapel Hill).
Hay resumen en *DAI*, XXXIII (1972), p. 1683A.

512   Horno Liria, Ricardo. *Una efemérides poco conocida: La boda de Don Francisco de Q en Aragón* (Zaragoza, Librería Ge-

neral, 1960), 15pp. (Publicaciones de "La Cadeira", CXLVI). ej: Bibl. Universitaria de Madrid (signatura V/C 3824-11).

513 Horst, K.A. "Q's Wortkunst", *Merkur* (Colonia-Berlín), XXI (1967), 1200-3. ej: Cornell

514 Huarte, Amalio. "Estudios de investigación histórica: Un papel del P. Fr. Gaspar de Santa María", *Basílica Teresiana* (Salamanca), VIII (1922), 24-31.
Falta mi referencia.

515 ——. "Observaciones a los *Grandes anales de quince días:* Notas sobre un libro", *Revista de Bibliografía Nacional* (M), VI (1945), 179-94. ej: F

516 Hughes, John B. "Las *Cartas marruecas* y la *España defendida,* perfil de dos visiones de España", *Cuadernos Americanos* (México), año XVII (vol. XCVIII), núm. 2 (1958), 139-53. ej: C, I
También en su libro, *José de Cadalso y las "Cartas marruecas"* (M, 1969), cap. 6. Reseña: *YWMLS*, XXXII (1970), 247.

517 Hurtado y Jiménez de la Serna, Juan. "Nuevos documentos relativos a Q", *Revista del Centro de Estudios Históricos de Granada y su Reino*, V (1915), 77-101. ej: C, BN, CSIC
Dos cartas del Duque de Osuna a Q [no son de 1615, sino de 1617], y un pleito con Pelegro Solimán, todo publicado más tarde por Astrana, ed. Q, *Obras*.

518 Huss, R.S. "Comentario literario sobre el soneto 'La vida fugitiva' de Q", *The New Vida Hispánica* (Londres), núm. 1 (1961), 48-50, y 52.
Referencias: *RLit*, XX (1961), 483-4, núm. 21.795. *NRFH*, XVI (1962), 628, núm. 49.869.

519 Ibérico Rodríguez, M. "El tema del río: variaciones sobre un tema de Q", *Mercurio Peruano* (Lima), LII (1967), 69-75.
Referencia: *NRFH*, XX (1971), 331, núm. 20-3845.

520 Ignatov, S.S. Prólogo y notas a su traducción rusa del *Buscón*: *Zhizn' Buskona* (Moscú y Leningrado, 1936).
Referencia: Ludmilla B. Turkevich, *Spanish Literature in Russia and in the Soviet Union 1735-1964* (Metuchen, Nueva Jersey, 1967), p. 146, núm. 876. ej. de Turkevich: Univ. de Miami

521 Imbelloni, José. "El *Testamento* de Víctor Locchi y el de *Don Quijote* de Q", *Nosotros* (BA), XLI, núm. 159 (1922), 490-500. ej: N, I
Q como fuente de Locchi.

Iracheta, Manuel C. Véase Cardenal Iracheta, M.

522 Isaza Calderón, Baltasar. "Don Francisco de Q y Villegas (1580-1645)", *Boletín de la Academia Panameña de la Lengua*, núm. 4 (1945), 36-56.
También *Univ. Panameña*, núm. 24 (1946), 53-74. ej: I
Reseña: Fernández Almagro, M., *REP* (M), XIV (1946), 448. ej: BN

523 ——. "El patriotismo de Q", en su libro *Estudios literarios* (M, 1966).
Reseña: Amorós, *CuH* (M), LXIX (1967), 548. Referencia: *NRFH*, XX (1971), 259, núm. 20-1795.

524 Iventosch, Herman. "La *Vida de Pío Quinto*, de Reinoso: Une erreur de Q?", *BHi*, LXV (1963), 322-5. ej: C
Rectifica la paternidad de la obra a favor de Antonio de Fuenmayor, M, 1595. Reseña: Marfany García, J.L., *IHE*, XI (1965), 436, núm. 58.767.

525 ——. "Onomastic Invention in the *Buscón*", *HR*, XXIX (1961), 15-32.
Reseña: Valderrama Andrade, C., *BICC*, XIX (1964), 372-3.

526 ——. "Q and the Defense of the Slandered: The Meaning of the *Sueño de la Muerte*, the *Entremés de los refranes del Viejo Celoso*, the *Defensa de Epicuro*, etc.", *HR*, XXX (1962), 94-115, 173-93.
Reseñas: Groult, P., *LR*, XXII (1968), 302. Valderrama Andrade, C., *BICC*, XIX (1964), 602-3, y 604-6. Zamudio de Predan, J., *Cuadernos del Sur* (Bahía Blanca, Argentina), núm. 5 (1966), 107-8.

527 Izcaray, Jesús. "Une Anticipation surréaliste: *Les Songes* de Q", *Europe* (París), núms 475-6 (1968), 247-53 (traducido del español por Julián Gavarito). ej: C, Harvard

Jammes, Robert. Véase Chevalier, Maxime.

528 Jan, Eduard von. "Die Hölle bei Dante und Q", *Deutsches Dante-Jahrbuch* (Weimar), XXIX-XXX (1951), 19-40 [según la nueva serie, tomos XX-XXI]. ej: C, I
Reseñas: Meregalli, Franco, *QIA* (Turín), III (1955), 105. Rossi, *BICC*, XIV (1959), 312-13.

529 Janer y Graells, Florencio. "El retrato menos conocido de Q", *La Ilustración Española y Americana* (M), año XX, tomo II de este año (1876), 298-9, 322-3. ej: F

530 ——. Prólogo y notas a su ed. de Q, *Obras: poesías* (M, 1877),

xxiii, 599pp. (Biblioteca de Autores Españoles, LXIX).
También múltiples reproducciones fototipográficas.

531   Jarnés, Benjamín. "Q, figura actual", *RdI* (Bogotá), XXV (1945), 417-25. ej: Y

532   Jiménez Rueda, Julio. "Don Francisco de Q", en su libro *Estampas de los Siglos de Oro* (México, 1957), pp. 83-92. ej: I
Reseña: Bonifaz Nuño, A., *Universidad de México*, XII (1957-8). Referencia: *NRFH*, XII (1958), 507, núm. 33.220.

533   ——. "Influjo de Q y de Torres de [*sic*] Villarroel en el México virreinal", en su libro *Estampas* (mencionado anteriormente), pp. 113-39. ej: I

534   ——. "Q y lo barroco en España", *El Hijo Pródigo* (México), X, núm. 33 (dic. de 1945), 155-60. ej: I, N, Harvard

535   Jones, Royston O. "Some Notes on More's *Utopia* in Spain", *MLR*, XLV (1950), 478-82.
Sobre unas notas al margen por Q en un ejemplar de la *Utopia* impreso en 1548. Reseñas: Turner, P.A., *NRFH*, V (1951), 240. *YWMLS*, XII (1950), 111-12, y XXIX (1967), 193.

536   Jordán de Urríes y Azara, José. *Biografía y estudio crítico de Jáuregui* (Madrid, 1899), 273pp. ej: BN, I
Reseña: Morel-Fatio, Alfred, *BHi*, II (1900), 137-9. Sobre Q, pp. 48-50, y el texto de *El retraído*, pp. 180-219.

537   Juderías y Loyot, Julián. *Don Francisco de Q. La época, el hombre, las doctrinas* (M, 1923), 269pp. ej: C, BN, Harvard
Reseña: Sánchez Alonso, B., *RFE*, X (1923), 321-2.

538   Juliá Andreu, Gabriel. Prólogo y notas a su ed. de Q, *Marco Bruto* (B, 1940), 15, 205pp. ej: C

539   Juliá Martínez, Eduardo. "La amistad entre Q y Adam de la Parra", *Anales de la Univ. de Madrid*, I (1932), 270-304. ej: C

540   ——. "Una nota sobre cuestiones estilísticas en las obras de Q", *Med* (Valencia), IV (1946), 100-7. ej: C, I

541   ——. "Una nota sobre la bibliografía de Q", *Revista Castellana* (Valladolid), V (1919), 38-46. ej: H
El entremés *El premio de la hermosura* no es de Q. Crítica de otros entremeses suyos.

542   Kellermann, Wilhelm. "Denken und Dichten bei Q", *Gedächtnisschrift für Adalbert Hämel, 1885-1952* (Würzburg [1953]),

121-54. ej: C
Reseñas: Alatorre, M. Frenk, *NRFH*, X (1956), 220-1. Meregalli, Franco, *QIA* (Turín), III (1955), 105. Morreale, M., *HR*, XXIV (1956), 236-8. Sobejano, G., *Boletín de Filología Española* (M), I (1955), 15.

543 ——. "Die neue Forschung über Q".
Falta mi referencia.

544 Kelley, Emilia N. "La poesía metafísica de Francisco de Q". Tesis doctoral de la Univ. de Tulane, 164pp.
Hay resumen en *DA*, XXXI (1971), p. 4721A.

——. Véase también Navarro de Kelley, Emilia, que es la misma persona.

545 Kent, Conrad Alan. "The France of Q". Tesis de Harvard Univ., 1968-9.
Referencia: *NRFH*, XX (1971), 586, núm. 20-7900.

546 Kihlman, —. Prólogo y notas a su traducción al sueco de Q, *Lazarillo de Tormes och Pablos de Segovia* (Helsingfors, 1923), 316pp.
Referencia: *RFE*, XI (1924), núm. 13.430.

547 Koch, Herbert. Prólogo a su traducción de Q, *Leben des Erzgauners Pablo aus Segovia* (Leipzig [1956]), 236pp.
Reseña: Sobejano, G., *RF*, LXX (1958), 429-40. Referencia: *RLit*, XVIII (1960), 386, núm. 19.255.

548 Kock, Josse de. "Unamuno et Q", *Cuadernos de la Cátedra Miguel de Unamuno* (Salamanca), IX (1959), 35-59. ej: C

549 Koepe, Swanhild. *Textkritische Ausgaben einiger Schriften der "Obras festivas" von Q.* Tesis de la Univ. de Colonia, 1969.
Referencia: *NRFH*, XX (1971), 587, núm. 20-7918.

550 Kollmann, Horst Wilhelm. *Der Ausdruck barocken Lebensgefühls bei Francisco de Q Villegas und Andreas Gryphius* (Hamburgo, 1962). ej: Harvard

551 Komanecky, Peter M. "Q's Notes on Herrera: The Involvement of Francisco de la Torre in the Controversy over Góngora", *BHS*, LII (1975), 123-33.

552 Koppenfels, Werner von. "Plutarch, Shakespeare, Q und das Drama der Ermordung Caesars", *Germanisch-Romanische Monatsschrift*, Neue Folge, XX (1970), 1-23. ej: D
Q en las pp. 1-6, y 12-23.

553 Krzevskij, B. "Fransisko Kevedo o Moskovskoj Rusi XVII V", *Naucnyj Bjulleten' Leningradskogo*, XIV-XV (1947), 23-5. Referencia: *NRFH*, IX (1955), 456, núm. 17.999.

554 Ladrón de Cegama, Emilio. "El tratado *Providencia de Dios*, de Francisco de Q. Pensamiento y estilo". Tesis doctoral de la Univ. de Barcelona, 1954. Referencia: *NRFH*, XVIII (1965-6), 347, núm. 18-4009.

555 Laffon, Rafael. "El tipismo en los clásicos: Los sevillanos en Q", *La Alhambra* (Granada), XXIII, núm. 531 (1920), 267-9. ej: H, BN Transcripción y comentario de algunos bosquejos típicos de Sevilla en el *Buscón*. Reseña: *BRAE*, VIII (1921), 122-4.

556 LaGrone, Gregory G. "Q and Salas Barbadillo", *HR*, X (1942), 223-43.

557 Laín Entralgo, Pedro. "La vida del hombre en la poesía de Q", *CuH* (M), I, núm. 1 (1948), 63-101. ej: I, BN También en su libro *Vestigios: ensayos de crítica y amistad* (M, 1948), pp. 17-46 (ej: I, BN); en su libro *La aventura de leer* (M, Col. Austral, 1956), 11-47.

558 ——. "Q y el casticismo", en su libro *Vestigios: ensayos de crítica y amistad* (M, 1948), pp. 162-4. ej: I, BN

559 ——. "Q y Heidegger", *Jerarquía* (Pamplona), núm. 3 (1938), 197-215. ej: C, H Versión alemana: "Q und Heidegger", *Deutsche Viertel Jahrsschrift für Literaturwissenschaft und Geistesgeschichte* (Halle), XVII (1939), 405-18. ej: I

—— . Véase el núm. 54bis.

560 Landarech, Alfonso María, S.J. "Don Luis de Góngora y Argote", *Estudios Centro-Americanos* (San Salvador), XVI (1961), 597-604. ej: Harvard Sobre la rivalidad de Góngora con Lope y Q; éste en las pp. 601-3. Reseña: Beltrán Carrión, D., *IHE*, VII (1961), 320, núm. 41.649.

561 Lanuza, José Luis. "Las máscaras de don Francisco de Q", *Lyra* (BA), año XXI, núms 192-4 (1964), pp. [8-9]. ej: Harvard

562 Lanza Esteban, Juan. "Q y la tradición literaria de la muerte", *RLit*, IV (1953), 367-80. ej: I, C Reseñas: Verbrugghe, G., *LR*, X (1956), 93-4. V.C., *NRFH*, XI (1957), 426.

563   Larios, Luis. "Pequeña renta cobrada por don Francisco de Q, del Obispado de Segovia", *Estudios Segovianos* (Segovia, Instituto Diego de Colmenares, del CSIC), XX (1968), 255-8. ej: C

564   Larra, Luis Mariano de. *La pluma y la espada. Drama en tres actos y en verso* (M, 1856), 94pp. ej: BN
Drama sobre la juventud de Q, año 1593, estrenado el 29 de nov., 1856.

565   Láscaris Comneno, Constantino. "El concepto de Naturaleza en la concepción filosófica de Q", *Theoria* (M), III, núm. 9 (1955), 91-8.
Referencia: *NRFH*, XVI (1962), 628, núm. 49.860.

566   ——. "Fundamentación ideológica de Sor Juana Inés de la Cruz", *CuH* (M), X (1952), 50-62. ej: BN
Influencia de Q en Sor Juana, pp. 57-62.

567   ——. "El estoicismo en el Barroco español", en su libro *Estudios de filosofía moderna* (San Salvador, 1966), pp. 31-48.
ej: Univ. de Miami
Sobre Q, pp. 35-48.

568   ——. "La epistemología en el pensamiento filosófico de Q", *Bolívar* (Bogotá), XV, núm. 45 (1955), 911-25. ej: C, I

569   ——. "La existencia y pecado según Q", *Revista de Filosofía de la Universidad de Costa Rica*, II (1959-60), 5-8, 39-44. ej: D

570   ——. "La mostración de Dios en el pensamiento de Q", *Crisis* (M, y Murcia), II, núms 7-8 (1955), 427-44. ej: C

571   ——. "Q", *Revista de Ideas Estéticas*, X (1952), 463-81.
Selección de textos de Q sobre cuestiones estéticas, con un prólogo breve de Láscaris. Reseña: *YWMLS*, XV (1953), 158.

572   ——. "Senequismo y augustinismo en Q", *Revista de Filosofía*, IX (1950), 461-85. ej: C

573   Lasso de la Vega, Miguel (Marqués del Saltillo). "Q, vecino de Madrid", *Boletín de la Real Academia de la Historia* (M), CXXVIII (1951), 59-70. ej: I
Sobre las dos casas que poseía Q en Madrid.

574   Latorre, Federico. "Diminutivos, despectivos y aumentativos en el siglo XVII", *Archivo de Filología Aragonesa* (Zaragoza), VIII-IX (1956-7), 105-55. ej: F
Abundan los ejemplos tomados de Q.

Laurencín, Marqués de. Véase Uhagón y Guardamino, Francisco Rafael.

575 Lázaro Carreter, Fernando. "Glosas críticas a *Los pícaros en la literatura*, Alexander A. Parker", *HR*, XLI (1973), 469-97.
Sobre el *Buscón*, pp. 475-97.

576 ——. "La originalidad del *Buscón*", *Studia Philologica: Homenaje ofrecido a Dámaso Alonso*, t. II (M, 1961), pp. 319-38.
ej: C, I
También en su libro, *Estilo barroco y personalidad creadora* (Salamanca, 1966), pp. 109-41. ej: Cornell
Reseñas: Amorós, *Ins* (1967), núm. 251. Bourligueux, *BHi*, LXIX (1967), 531-2. Nallim, *Cuadernos de Filología* (Mendoza), II (1968), 137-40. Silverman, Joseph H., *H*, LII (1969), 156-7. *YWMLS*, XXIX (1967), 188.

577 ——. "Para una revisión del concepto 'Novela picaresca'", en su libro *Lazarillo de Tormes en la picaresca* (B, 1972, Letras e Ideas, Minor, I), pp. 193-229.
Sobre el *Buscón* y Q, pp. 223-6. También en las *Actas del Tercer Congreso Internacional de Hispanistas*, ed. Carlos H. Magis (México, 1970), pp. 27-45.

578 ——. Prólogo y notas a su ed. de Q, *La vida del Buscón llamado don Pablos* (Salamanca, 1965), lxxviii, 285pp.
Reseñas: Aragonés, J.E., *La Estafeta Literaria* (M), núm. 342 (1966), 19. Aubrun, Ch.V., *Romanic Review*, LIX (1968), 120-1. Crosby, J.O., *MLN*, LXXXII (1967), 648-52. Laurenti, J., *RHM*, XXXIII (1967), 147. M.J.S.B., *Mysterium* (Manizales, Colombia), núm. 80 (1966), 116-7. Molho, M., *BHi*, LXVIII (1966), 382-9. Rovatti, *Rivista di Letterature Moderne e Comparate* (Florencia), XXII (1969), 72-5. Weber de Kurlat, F., *HR*, XXXVI (1968), 169-73. *YWMLS*, XXVIII (1966), 201.

579 ——. Prólogo y notas a su ed. de Q, *La vida del Buscón llamado don Pablos* (B, 1969), 186pp. ej: Cornell
Véase también Alcina Franch, J.

580 ——. "Q, entre el amor y la muerte", *PSA*, I, núm. 2 (1956), 145-60. ej: C, I
Sobre el soneto "Cerrar podrá mis ojos la postrera".

581 ——. "Sobre la dificultad conceptista", *Estudios dedicados a Menéndez Pidal*, VI (M, 1956), pp. 355-86.
Sobre Q, pp. 374-80, con muchas referencias en otras páginas. También en su libro, *Estilo barroco y personalidad creadora* (Salamanca, 1966), pp. 11-59 (sobre Q, pp. 41-50). Reseñas: Alatorre, A., *NRFH*, XIII (1959), 138. Groult, P., *LR*, XIII (1959), 99. Reseña del artículo:

YWMLS, XVIII (1956), 189-90.

582 ——. *Tres historias de España: Lázaro de Tormes, Guzmán de Alfarache y Pablos de Segovia.* Discurso de apertura del Curso Académico 1960-1 (Salamanca, 1960), 31 pp. ej: C

583 Lebrón Saviñón, M. "La soledad, la muerte y el amor, en la poesía de Q", *Boletín de la Academia Dominicana de la Lengua* (Trujillo), núm. 9 (1970).
Referencia: *NRFH*, XXI (1972), 570, núm. 21-6904.

584 Lerner, Lía S. "Creaciones estilísticas en la prosa satírica de Q". Tesis doctoral de la Univ. de Illinois (Urbana), 267 pp.
Hay resumen: *DAI*, XXXII (1971), p. 973A. Véase también Schwartz Lerner, Lía, que es la misma persona.

585 Levi, Ezio. "Un episodio sconosciuto nella storia della novella spagnuola", *BRAE*, XXI (1934), 687-736.
Comenta *La dama beata*, de José Camerino (M, 1655), que en la p. 101 traza una semblanza satírica de Q; véase la p. 732 del artículo.

586 Levisi, Margarita. "Hieronymus Bosch y los *Sueños* de Francisco de Q", *Fil* (BA), IX (1963), 163-200. ej: C
Reseña: *BICC*, XXIII (1968), 401.

587 ——. "La expresión de la interioridad en la poesía de Q", *MLN*, LXXXVIII (1973), 355-65.
Reseña: *YWMLS*, XXXV (1973), 239.

588 ——. "Las figuras compuestas en Arcimboldo y Q", *Comparative Literature*, XX (1968), 217-35. ej: C
Reseña: *YWMLS*, XXX (1968), 214.

589 ——. "Los *Sueños* de Q: El estilo, el humor, el arte". Tesis doctoral de la Ohio State University, Columbus, 159 pp.
Hay resumen en *DA*, XXV (1965), p. 6629.

590 Leyva, Conde de. "El último *Sueño* de Q", en su libro *Apuntes históricos y literarios* (M, 1949), pp. 103-10. ej: C

591 Lezama Lima, José. "Cien años más para Q", en su libro *Analecta del reloj: ensayos* (La Habana, 1953), pp. 244-6. ej: I

592 Lida, María Rosa. "Para las fuentes de Q", *RFH*, I (1939), 369-75. ej: C, I, BN, CSIC

——. Véase también Lida de Malkiel, María Rosa.

593 Lida, Raimundo. *Letras hispánicas. Estudios, Esquemas* (Mé-

xico, 1958), 346pp. ej: I
Contiene los artículos titulados "Cartas de Q", "La *España defendida*",
"*Cómo ha de ser el privado*", "De Q, Lipsio", y "Q y la *Introducción*",
todos entre las pp. 103-62. Reseñas: Lúquez, *Revista de Literatura
Argentina e Iberoamericana*, núm. 2 (1960), 129-36. Muñoz Pérez, J.,
IHE, I (1953-4), 400, núm. 3569. Peñuela Cañizal, E., *Letras Hispánicas* (São Paulo), núms 2-3 (1962), 41-3. Pierce, F., *BHS, XXXIX*
(1962), 238-9. Serrano Poncela, S., *Anuario de Letras* (México), II
(1962), 306-8.

594   ——. "Cartas de Q", *Cuadernos Americanos* (México), LXVII
(1953), 193-210. ej: C, I, Y
También en su libro *Letras*, pp. 103-23. Reseñas: Muñoz Pérez, J.,
IHE, I (1953-4), 400, núm. 3569. M.A.V., *NRFH*, XVI (1962), 148.

595   ——. "*Cómo ha de ser el privado*: De la comedia de Q a su *Política de Dios*", *Libro jubilar de A. Reyes* (México, 1956),
pp. 203-12. ej: C, I
También en su libro *Letras*, pp. 149-56.

596   ——. "De Q, Lipsio y los Escalígeros", en su libro *Letras Hispánicas* (México, 1958), pp. 157-62. ej: C, I

597   ——. "Dos *Sueños* de Q y un prólogo", *Actas del Segundo
Congreso Internacional de Hispanistas*, ed. J. Sánchez Romeralo y N. Poulussen (Nimega, Holanda, 1967), pp. 93-107.
ej: C, D, Harvard
Reseña del artículo: *YWMLS*, XXIX (1967), 192-3.

598   ——. "Estilística: Un estudio sobre Q", *Sur* (BA), I, núm. 4
(1931), 163-72. ej: C, I, BN, Y
Sobre el artículo de Leo Spitzer, "Zur Kunst".

599   ——. "Hacia la *Política de Dios*", *Fil* (BA), XIII (1968-9),
191-203. ej: C

600   ——. "La *España defendida* de Q y la síntesis pagano-cristiana",
Imago Mundi (BA), II, núm. 9 (1955), 3-8. ej: C
También en su libro *Letras*, pp. 142-8. Reseña: Batlle Gallart, C.,
IHE, IV (1958), 102, núm. 24.739.

601   ——. "Pablos de Segovia y su agudeza: Notas sobre la lengua
del *Buscón*", *Homenaje a Casalduero: crítica y poesía*, editado por Rizel Pincus Sigele y Gonzalo Sobejano (M, 1972),
pp. 285-98.
Referencia: *1972 MLA Int'l Bibl.*, II, p. 103, núm. 6384.

602   ——. "Para *La hora de todos*", *Homenaje a Rodríguez-Moñino*

(M, 1966), t. I, 311-23. ej: C

602bis ——. "Otras notas al *Buscón*", *Homenaje a Ángel Rosenblat en sus 70 años. Estudios filológicos y lingüísticos* (Caracas, 1973), pp. 305-21.
Referencia: "Bibliografía de Raimundo Lida", *NRFH*, XXIV (1975), p. vii.

602tris ——. "Políticas de Dios", *Comentario* (BA), XVII (1970), núm. 73.
Referencia: la de la ficha anterior.

603 ——. "Q y la *Introducción a la vida devota*", *NRFH*, VII (1953), 638-56.
También en su libro *Letras*, pp. 124-41. Q no tradujo la *Introducción*, sino que refundió la traducción de otro. Reseñas: Molas Batllorí, J., *IHE*, I (1954), 669, núm. 6138. Groult, P., *LR*, IX (1955), 217-18. *YWMLS*, XV (1953), 158.

604 ——. "Q y su España antigua", *Romance Philology*, XVII (1963-4), 253-71. ej: C
Reseñas: *BICC*, XX (1965), 175-6. *YWMLS*, XXV (1963), 168.

605 ——. "Sobre el arte verbal del *Buscón*", *Philological Quarterly* (Iowa City), LI, núm. 1 (enero, 1972: *Hispanic Studies in Honor of Edmund de Chasca*), 255-69.

606 ——. "Sobre la *España defendida*", *Mercurio Peruano* (Lima), año XXXI, tomo XXXVII (1956), 557-62. ej: C, I

607 ——. "Sobre la religión política de Q", *Anuario de Letras* (México), VII (1968-9), 201-17. ej: Cornell

608 ——. "Sobre Q y su voluntad de leyenda", *Fil* (BA), VIII (1962; pub. en 1964), 273-306. ej: C
Reseña: Montes, G., José Joaquín, *BICC*, XX (1965), 649-50.

608bis ——. "Tres notas al *Buscón*", *Estudios literarios de hispanistas norteamericanos dedicados a Helmut Hatzfeld con motivo de su 80 aniversario* (M, 1974), pp. 457-69.
Referencia: la de la ficha 602bis.

609 Lida de Malkiel, María Rosa. "Arpadas lenguas", *Estudios dedicados a Menéndez Pidal*, II (M, 1951), pp. 227-52.
Sobre el adjetivo "arpado" en *La hora de todos*, pp. 232 y 245. Reseñas: A[latorre], A., *NRFH*, XI (1957), 92. Groult, P., *LR*, VII (1953), 385. *YWMLS*, XIII (1951-2), 120.

——. Véase también Lida, María Rosa.

610   Lihani, John. "Q's 'Romance sayagués burlesco' ",*Symposium* (Syracuse, Nueva York), XII (1958), 94-102. ej: C, I
Sobre el romance "Contaba una labradora".

611   Lira, Osvaldo. "La monarquía de Q", *REP* (M), XV (1946), 1-46. ej: BN

612   ——. *Visión política de Q* (M, 1948), 286pp. ej: C, Harvard

613   Lira Urquieta, Pedro. "Comentarios sobre Q", en su libro, *Sobre Q y otros clásicos* (M, 1958), pp. 27-86. ej: C
Reseñas: Bayona Posada, N., *Boletín de la Academia Colombiana* (Bogotá), IX (1959), 206-7. García Nieto, José, *Mundo Hispánico* (M), núm. 132 (1959), 50.

614   Lohman Villena, Guillermo. "Don Diego de Villegas y Q, Individuo de la Real Academia Española (1696-1751)", *Revista de Indias* (M), XV (1944), 41-88.
Sobre unos parientes de Q en Indias.

615   Lope Blanch, Juan M. Prólogo y notas a su ed. de Q, *Historia de la vida del Buscón* (México, 1963), xlix, 177pp.
Reseña: Selva, M. de la, *Cuadernos Americanos* (México), núm. 4 (1963), 278-9. Referencia: *NRFH*, XVIII (1965-6), 347, núm. 18-4004.

616   López de Ayala, Ignacio. "Noticia histórica de don Francisco de Q", *Almacén de Frutos Literarios* [continuación del *Almacén de Frutos Literarios, o Semanario de Obras Inéditas*], (M), III, núm. 14 (1818), pp. 91-6. ej: BN

617   López de Mesa, Luis. "Don Francisco de Q y el Renacimiento español", *Boletín de la Academia Colombiana* (Bogotá), XVIII, núm. 71 (1968), 101-19. ej: Harvard
También en la *RdA* (Bogotá), IV (1945), 177-88. ej: I, Y
Reseña: Beltrán Carrión, Dolores, *IHE*, XIV (1968), 375, núm. 70.455.

618   López de Sedano, Juan José. *Parnaso español. Colección de poesías escogidas de los más célebres poetas castellanos* (M, 1770). ej: BN
Tomo II, pp. xiii-xvi en las preliminares, y x-xi del "Índice de las poesías" (los dos comentarios, sobre Q y Francisco de la Torre); pp. xxiii-xxiv del "Índice" (comentario sobre los poemas " ¡Oh corvas almas!", "Anteayer se dieron vaya", y "A las bodas de Merlo"). Tomo IV, pp. xxv-xlvi en las preliminares (noticia bio-bibliográfica de Q), y xvi-xx del "Índice" (comenta los textos que ocupan las pp. 186-213).

619   López Estrada, Francisco. "La primera versión española de la

Utopia de Moro, por Jerónimo Antonio de Medinilla (Córdoba, 1637)", *Collected Studies In Honour of Américo Castro's Eightieth Year*, ed. M.P. Hornik (Oxford, 1965), pp. 291-309. ej: C (separata de 19 páginas, con nueva paginación).

620 ——. "Q y la *Utopia* de Tomás Moro", *Actas del Segundo Congreso Internacional de Hispanistas*, ed. J. Sánchez Romeralo y N. Poulussen (Nimega, Holanda, 1967), pp. 403-9. ej: Harvard

También (en versión ampliada) en el *Homenaje al Profesor Giménez Fernández* (Sevilla, 1967), 155-96, según *NRFH*, XX (1971), 331, núm. 20-3863. Reseña del artículo: *YWMLS*, XXIX (1967), 193.

621 López Grigera, Luisa. "El estilo de Q en sus tratados ascéticos". Tesis doctoral de la Univ. de Madrid, 1965.

Resumen en *Revista de la Univ. de Madrid*, XIV (1965), 218-19. ej: F, BN

622 ——. Prólogo y notas a su ed. de Q, *La cuna y la sepultura* (M, Real Academia Española, 1969), lxxi, 197pp.

Reseña: *YWMLS*, XXXI (1969), 214.

622bis ——. *Relección de "La hora de todos" de Q* (Bilbao, 1971), 26pp. (Lección inaugural del curso 1971-2, Univ. de Deusto).

Referencia: *Bibliografía Española*, Oct., 1973, p. 860, núm. 13.073.

623 ——. "Un problema bibliográfico en Q: La primera edición de *La cuna y la sepultura*", *Fil* (BA), X (1964), 207-15. ej: C

624 ——. "Unos textos literarios y los 'Sabios' de Ribera", *Archivo Español de Arte* (M), XLII (1969), 299-302.

Referencia y reseña: Alcolea Gil, S., *IHE*, XIX (1973), 121, núm. 85.867 ("Se aducen textos de Erasmo y Q que pueden relacionarse con el grupo de retratos de 'Sabios', de aspecto poco académico, pintados por José de Ribera").

625 López Rubio, José. *Francisco de Q* (M, 1971), 135pp.

Referencia: *NRFH*, XXII (1972), 259, núm. 22-3226.

626 López Ruiz, Antonio. "Otra falsa atribución a Q: *Los aforismos* de Antonio Pérez", *PSA*, LXXI (1973), 121-39. ej: F

627 ——. "Pellicer, comentador de Q", *PSA*, LXIV (1972),155-70.

Referencia: *NRFH*, XXIII (1974), 475, núm. 23-3652.

628 ——. "Q: Un apócrifo más", *PSA*, LX (1971), 121-38. ej: C, F

La *Relación de las trazas de Francia* es copia parcial de la *Defensa de*

España, de Josef Pellicer.

629 López Ruiz, Juvenal. "Dos rostros de Q", *Revista Nacional de Cultura* (Caracas), XXV, núm. 155 (1962), 104-9. ej: Harvard
Reseña: Báncora Cañero, C., *IHE*, IX (1963), 252, núm. 49.426.

630 Lucas Marracín, Isidoro. "Séneca en don Francisco de Q y Villegas", en su libro, *Séneca en tres ensayistas del barroco español: Q, Saavedra Fajardo, y Baltasar Gracián* (M, 1970), pp. 17-28. ej: F

631 Lustonó, Eduardo (compilador atribuido). Prólogo a Q, *El libro verde. Colección de poesías satíricas y de discursos festivos (parte de ellos inéditos) de D. Francisco de Q Villegas* (M, 1871), 11, 336pp. ej: C
También M, 1875. Reseña: *Revista de España* (M), XLII (1875), 288, que cita a Lustonó como compilador.

632 Llanos y Torriglia, Félix de. "Q como personaje histórico y como historiógrafo", en un homenaje del Instituto de España: *III Centenario de Q* (M, 1945), pp. 21-38. ej: C

633 M.T.A. "Q en la imprenta (Ms. 8391, folio 438, A. Ustarroz)", en una sección titulada "Noticiario del siglo XVII", del *Archivo de Filología Aragonesa* (Zaragoza), I (1945), 361. ej: BN
Se reproduce un párrafo de una carta de Cristóbal de Salazar y Mardones, en el que informa sobre una visita que hicieron él y Q a la imprenta de Pedro Coello en 1644. La cita correcta es: BN, ms. 8391, f. 447v.

634 Macrí, Oreste. "L'Ariosto e la letteratura spagnuola", *Letterature Moderne* (Università Bocconi, Milán), III (1952),515-43. ej: I
Versa especialmente sobre Lope, Q, Góngora y Cervantes. Reseña: Alatorre, A., *NRFH*, XIII (1959), 418.

635 Maldonado, Felipe C.R. "Algunos datos sobre la composición y dispersión de la biblioteca de Q", *Homenaje a la memoria de don Antonio Rodríguez-Moñino 1910-1970* (M, 1975), pp. 419-42. ej: C

636 ——. "Difusión de la literatura en los Siglos de Oro: impresos y manuscritos", *La Estafeta Literaria* (M), núm. 557 (1 de febrero, 1975), 4-7. ej: C
Se basa en ciertos ejemplos entresacados de las obras de Q.

637 ——. Prólogo a una edición de la "Carta de un cornudo a otro", de Q, publicado en *La Estafeta Literaria* (M), unido al

núm. 545 (1 de agosto, 1974). ej: C

638 ——. Prólogo y notas a su ed. de Q, *Sueños y discursos* (M, 1973), 54, 251pp. (Clásicos Castalia, L).
Se sigue el texto de la primera ed., B, 1627. Reseña: Sieber, Harry, *MLN*, XC (1975), 312-14.

639 ——. "Q y sus caricaturas de la mujer", *La Estafeta Literaria* (M), núm. 538 (1974), 11-12. ej: C

640 Maldonado de Guevara, Francisco. "El incidente de Avellaneda", *Revista de Ideas Estéticas* (M), VIII (1950), 243-71. ej:F
Sobre la enemistad entre Cervantes y Q, y la participación de éste en el *Quijote* de Avellaneda: pp. 246, 249, 252-4, 264, 269.

641 ——. "Para la etimología pícaro ⟨picar", *BBMP*, XXI (1945), 524-5. ej: C, Y, BN
Aportación de la voz 'picarillo', del *Buscón*, a la etimología.

642 Malfatti, María E. Prólogo y notas a su ed. de Q, *Poema heroico de las necedades y locuras de Orlando el Enamorado* (B, 1964), 52, 141pp. ej: C
Reseñas: Marfany García, J.L., *IHE*, XII (1966), 279, núm. 61.597. Pierce, Frank, *BHS*, XLIII (1966), 62-4. Rodríguez Cepeda, Enrique, *RLit*, XXVII (1965), 232. *YWMLS*, XXVII (1965), 185.

643 Mancini, Guido. *Gli Entremeses nell'arte di Q* (Pisa, 1955), 116pp. ej: C, Harvard
Reseñas: Bergman, H.E. de, *NRFH*, XI (1957), 406-10. Comas Pujol, A., *IHE*, III (1957), 297, núm. 18.458.

644 Manzanares, Manuela. "La obra poética de Q", prólogo (pp. 403-6) a su *Antología poética de Q* (pp. 407-16),en *RdI*, XXV (1945), 403-16. ej: Y

645 Marañón, Gregorio. "Gloria y miseria del intelectual. Sobre Q y su leyenda", *Nac* (BA), 2 de julio, 1939. ej: C, D, Univ. de Chicago

646 ——. "La España de Q", *Nac* (BA), núm. 23.398 (20 de setiembre, 1936), segunda sección, p. 1.
Referencia: *BAAL* (BA), V (1937), 170, núm. 1634.

647 ——. "Q, Calderón de la Barca y el Conde-duque", *Boletín de la Academia Dominicana de la Lengua* (Trujillo), mayo de 1944, pp. 25-37. ej: BN, N

648 ——. "Q y el Conde-duque", en su libro *El conde-duque de Olivares* (M, 1952), tercera ed., corregida y completada), cap.

XI, pp. 125-7.
Hay contestación por Dámaso Alonso, *Poesía española*, 1950, pp. 553-4, nota 41; en la ed. de 1952, p. 518. Véase también Elliott, J.H. Reseña: Ricard, R., *BHi*, XLIX (1947), 101-6.

649 Marañón, Jesús G. "Q y Castellani", *BBMP*, XXII (1946), 356-71. ej: C, I, Y

650 Marasso, Arturo. "Hesiodo en la literatura castellana", *BAAL* (BA), XVI (1947), 7-63. ej: I
Sobre Q: pp. 22-3.

651 ——. Introducción a su ed. de Q, *Obras selectas* (BA, 1957), 940pp.
Referencia: *NRFH*, XIII (1959), 236, núm. 35.949.

652 ——. "La *Antología griega* en España", *Humanidades* (La Plata), XXIV (1934), 11-18. ej: C
Sobre Q: pp. 15-17. También en *BAAL* (BA), XV (1946), 261-71 (Q: pp. 267-9). ej: I

653 ——. "Lenguaje y estilo: Aspectos de Q", *Revista de Educación* (La Plata), Nueva serie, año V, núms 5-6 (1960), 166-74. ej: I
Algunas referencias al tomo IV, 1959, están erradas.

654 ——. "Píndaro en la literatura castellana", *BAAL* (BA), XV (1946), 7-55. ej: I
Sobre Q, pp. 9, 24, y 28-32.

655 Maravall, José Antonio. "Q y la teoría de las cortes", *REP* (M), XV (1946), 145-9. ej: BN

656 ——. "Un esquema conceptual de la cultura barroca", *CuH* (M), núm. 273 (1973), 423-61.
Se refiere con frecuencia a Q.

657 Marcilly, C. "L'Angoisse du temps et de la mort chez Q", *Revue de la Méditerranée* (Argel), XIX (1959), 365-83. ej: C, I
Reseña: Carreras Artau, J., *IHE*, V (1959), 521-2, núm. 33.329.

658 Marichal, Juan. "Cadalso: el estilo de un 'hombre de bien' ", *PSA*, IV (1957), 285-96. ej: F
"Quevedismo estoico" y "neo-quevedismo" en Cadalso, pp. 285-9.

659 ——. "Montaigne en España", *NRFH*, VII (1953), 259-78.
Incluye el interés de Q por Montaigne. Reseñas: Molas Batllorí, J., *IHE*, I (1953-4), 668, núm. 6134. Groult, P., *LR*, X (1956), 359. *YWMLS*, XV (1953), 161.

660   ——. "Q: El escritor como 'espejo' de su tiempo", en su libro *La voluntad de estilo: Teoría e historia del ensayismo hispánico* (B, 1957), pp. 149-62. ej: I
Reseñas: Baquero Goyanes, M., *Arbor* (M), XXXIX (1958), 444-6. Bleznick, D.W., *Books Abroad* (Norman, Oklahoma), XXXII (1958), 435. Buonocore, D.,*Universidad* (Santa Fe, Argentina), núm. 37 (1958), 448-9. C.H., *CuH* (M), XXXIV, núm. 102 (1958), 448-9; y en el mismo número 445-8, por J.L. Cano (ej: D). Cano, J.L., además de la anterior, *El Nacional* (Caracas), 24 de abril, 1958. Durán, M., *RHM*, XXIV (1958), 333-4. Garciasol, R. de, *CuH* (M), XXXIV (1958), núm. 100, 147-53 (ej: D). Guillén, C., *Comparative Literature* (Eugene, Oregon), X (1958), 263-8. *Índice de Artes y Letras* (M), XII (1958), núm. 119. Gullón, R., *Íns*, XIII (1958), núm. 135, suplemento bibliográfico. Maiorana, M.T., *Revista de Educación* (La Plata), IV (1959), 366-9. Nuez, S. de la, *Revista de Historia* (La Laguna de Tenerife), XXIII (1957), 127-8. Santos, C., *Humanidades* (Comillas), X (1958), 188-90. Vicens Vives, J., *IHE*, IV (1958), 9-10, núm. 23.938. Whinnom, Keith, *BHS*, XXXVI (1959), 171-2.

661   Martinengo, Alessandro. "La mitologia classica come repertorio stilistico dei concettisti ispanoamericani", *Studi di Lett. Ispano-Amer.* (Milán), I (1967), 77-109. ej: Cornell
Sobre Góngora, Q, y los poetas coloniales de América; Q en las pp. 77-90.

662   ——. *Q e il simbolo alchimistico: Tre studi* (Padua, 1967), 174pp. ej: C, Harvard
Los tres estudios son: "Q e la scienza del suo tempo", pp. 3-60; "Trasmutazioni stilistiche nell'arte di Q: procedimenti di materializzazione e di animizzazione", 63-140; "Un tentativo di autogiustificazione: la poetica di Q", 143-68.
Reseñas: Ares Montes, J., *Íns*, núm. 265 (1968), 8. Cirillo, T., *Annali dell'Istituto Universitario Orientale, Sezione Romanza* (Nápoles), XI (1969), 130. Crosby,J.O.,*HR*, XXXVIII (1970), 330-1. Ettinghausen, H., *BHS*, XLVI (1969), 87. Sobejano, G., *Romanic Review*, LXI (1970), 128-30. Soons, A., *H*, LII (1969), 960. *YWMLS*, XXX (1968), 214.

663   Martínez Burgos, M. "Q escriturista: su *Política de Dios y Gobierno de Cristo*", *BBMP*, XXI (1945), 443-8. ej: C, Y, BN

664   Martínez de Federico, José. "¿Los restos de Q?", *La Alhambra* (Granada), año XXIII, núm. 528 (1920), 170-5. ej: H
Reseña: *BRAE*, VII (1920), 551-5.

665   Martínez Ferrando, Jesús. *Q y la medicina* (Luarca, Asturias, 1957), 117pp.
Referencia y reseña: Nadal Oller, Jorge, *IHE*, III (1957), 767,núm. 23.075.

666 Martínez Howard, Alfredo. "Imagen de Q", *La Biblioteca*
(BA), 2ª época, IX (1958), 89-92. ej: C, W, Harvard

667 Martínez López, Enrique. "Contribución al estudio de las in-
fluencias del barroco español en las letras coloniales del Bra-
sil", *Revista de la Universidad de Madrid*, XIII (1964), 594-6.
ej: BN
Resumen de tesis doctoral: sobre Q, pp. 595-6. Reseña: C.B., *IHE*,
XIII (1967), 356, núm. 66.861 (estudia especialmente la influencia de
Q y Góngora).

668 Martínez Nacarino, Rafael. *D. Francisco de Q: Ensayo de biografía jurídica* (M, 1910), 150pp. ej: C, BN
Sobre la biografía de Q, pp. 1-38, y sus opiniones políticas, pp. 39-150.
Reseña: Gil Albacete, Álvaro. *RABM*, tercera época, XXII (1910),
490-1.

669 ——. *D. Francisco de Q y su tiempo* (M, 1910). ej: BN (signatura V/Caja 1284, núm. 11).
También en su libro *Q: Ensayo*, pp. 1-38. ej: C, BN

Martínez Ruiz, José. Véase Azorín.

Martins, José Vitorino de Pina. Véase Montalegre, Duarte de.

670 Martins, Mário. "O *Lazarilho de Tormes*, a *Arte de furtar*, e
- *El Buscón* de Q", *Colóquio/Letras*, VI (1972), 35-43.
Referencia: *1972 MLA Int'l. Bibl.*, II, p. 103, núm. 6345.

671 Mas, Amédée. *La Caricature de la femme, du mariage et de
l'amour dans l'oeuvre de Q* (París, 1957), 415pp. ej: C, I, Harvard
Reseñas: Beser Ortí, S., *IHE*, IV (1958), 456, núm. 27.827. Carrasco
Urgoiti, M.S., *RHM*, XXVI (1960), 134-5. Crosby, J.O., *NRFH*, XII
(1958), 425-9. Dowling, J.C., *Books Abroad* (Norman, Oklahoma),
XXXII (1958), 34. Gómez Galán, A., *BBMP*, XXXV (1959), 83-5.
Green, O.H., *HR*, XXVIII (1960), 72-6. Marra-López, J.R., *Íns*, XIII
(1958), núm. 141, p. 7. Perlado, J.J., *RLit*, XI (1957), 225. Porras, A.,
Cuadernos del Congreso por la Libertad de la Cultura (París), VIII
(1960), 122-3. Villégier, *Les Langues Néo-Latines* (París), LII (1958),
39-44. Wilson, E.M., *BHS*, XXXVI (1959), 179-81. *YWMLS*, XIX
(1957), 199.

672 ——. "La Caricature de la femme, du mariage, et de l'amour
dans l'œuvre de Q", *Annales de l'Université de Paris*, XXVII
(1957), 155-6. ej: Harvard
Es resumen de su libro del mismo título, y de su edición del *Sueño del
Infierno*. Reseña: Batlle Gallart, C., *IHE*, III (1957), 445, núm. 19.830.

673 ——. "La Critique interne des textes", *BHi*, LXVI (1964), 17-29.
Sobre los *Sueños.*

674 ——. Prólogo, notas y apéndices a su ed. de Q, *Las Zahurdas de Plutón (El sueño del infierno)* (Poitiers [1956]), 36, 112pp. ej: C, I
Reseñas: Carrasco Urgoiti, M.S., *RHM*, XXVI (1960), 134-5. Del Piero, R.A., *NRFH*, XII (1958), 429-33. Jodogne, O., *Les Lettres Romanes*, XIII (1959), 201-2. Le Gentil, P., *BHi*, LX (1958), 114-18. Morreale, M., *HR*, XXVI (1958), 324-30. Molas Batllorí, J., *IHE*, IV (1958), 455-6, núm. 27.825. Urdiales Campos, M., *Archivum* (Oviedo), VII (1957), 293-7. Wilson, E.M., *BHS*, XXXVI'(1959), 179-81.

675 Masferrer Cantó, S. *Francisco de Q. Relato de la vida del gran escritor, poeta y filósofo* (B, 1963), 143pp. ej: I, BN

676 Massaloux, M. "Q, traducteur des deux Sénèque". Thèse en vue de l'obtention du Doctorat de Troisième Cycle, París, 1970.
Referencia: Ettinghausen, H., *Francisco de Q and the Neo-Stoic Movement* (Oxford, 1972), p. 162.

Mateo, Salvatore di. Véase Campagnuolo, Carla.

677 Maura, Gabriel Gamazo de (Duque de Maura). *Conferencias sobre Q* (M, 1946), 206pp. ej: C, BN, Harvard
Reseña: Aguilera, I., *BBMP*, XXII (1946), 378-81.

678 ——. "La última obra malograda de Q", *BRAE*, XXIV (1945), 335-51. ej: C

679 Maurer, Karl. "Ronsard und die dunklen Dichter", en *Ideen und Formen: Festschrift für Hugo Friedrich zum 24 XII 1964*, ed. Fritz Schalk (Frankfurt, 1965), pp. 165-91.
Hay una comparación con Q. Referencias: *NRFH*, XIX (1970), 325, núm. 19-3892; y *PMLA*, LXXXI (1966), 64, núm. 42, y 208, núm. 8628.

680 May, Terence E. "A Narrative Conceit in *La vida del Buscón*", *MLR*, LXIV (1968), 327-33.
Sobre un pasaje en las pp. 63-6 de la ed. de Lázaro Carreter, 1965, y unas interpretaciones de M. Bataillon. Reseña: *YWMLS*, XXXI (1969), 213.

681 ——. "El sueño de don Pablos: Don Pablos, Don Quijote y Segismundo", *Atlante* (Londres), III (1955), 192-204. ej: C
Reseña: *YWMLS*, XVII (1955), 208.

682 ——. "Good and Evil in the *Buscón*: A Survey", *MLR*, XLV
(1950), 319-35. ej: C, I, Y
Reseñas: Alatorre, A., *NRFH*, X (1956), 465. *YWMLS*, XII (1950),
118.

683 Mayans i Siscar, Gregorio [Carta manuscrita a José Cevallos
Oliva], Biblioteca Nacional de Madrid, ms. 10579, folio 104.
Reproducida la referencia a Q, en Constantino Láscaris Comneno, *Estudios de filosofía moderna* (San Salvador, 1965), p. 48. ej: Univ. de
Miami

684 —— [Dos referencias a Q, en su libro:] *El orador cristiano*
(Valencia, Antonio Bordazar, 1733), pp. 164-5. ej: BN

685 McCombie, F. *Count Fathom* [de Smollett] and *El Buscón*",
Notes and Queries, n. ser., VII (1960), 297-9. ej: Harvard

686 McGrady, Donald. "Tesis, réplica y contrarréplica en el *Lazarillo*, el *Guzmán* y el *Buscón*", *Fil* (BA), XIII (1968-9), 237-
49. ej: Cornell
Se habla del *Buscón* a lo largo del artículo.

Mele, Eugenio. Véase González Palencia, A.

687 Melián Lafinur, A. "Pequeño ensayo sobre el hambre", *Nac*
(BA), 17 de julio, 1955, 2ª sección, p. 1. ej: D
Sobre Q, Cervantes, Juan Ruiz, etc.

688 Méndez Pereira, Octavio. "Q, muy siglo XVII y muy siglo
XX", *Boletín de la Academia Panameña de la Lengua*, 2ª época, núm. 4 (1945), 3-16. ej: Harvard
Reseña: Fernández Almagro, Melchor, *REP* (M), XIV (1946), 448.

689 Mendizábal Allende, Rafael de. "Doctrina militar en Q",
Revista de la Oficialidad de Complemento (M), núm. 97
(1952), 11-17. ej: BN (Cervantes, Caja 1, núm. 28).
Es Apéndice de la revista *Ejército*.

690 Menéndez Pelayo, Marcelino. Sobre Q como traductor, en su
Biblioteca de traductores españoles (Santander, 1953), tomo
IV, pp. 91-118.
Es el tomo LVII de las *Obras Completas* de MMP.

——. Véase Fernández-Guerra, Aureliano.

691 Menéndez Pidal, Luis. "Un soneto de Q", pintura reproducida
en el *Boletín de la Sociedad Española de Excursiones* (M), V
(1897), 154.

Véase el comentario de F. Calatraveño, citado anteriormente.

692 Menzler, Leonore. "Der Todesgedanke Qs". Tesis de la Universidad de Freiburg im Breisgau, 1950. 88pp. mecanografiadas.
Referencia: *NRFH*, VI (1952), p. 309, núm. 8330.

693 Meregalli, Franco. "L'ispanismo tedesco dal 1945", *QIA* (Turín), II, núm. 16 (1954), 524-7 y III, núm. 18 (1955), 103-9. ej: Harvard
Incluye, p. 105, dos reseñas de artículos sobre Q por W. Kellermann ("Denken ... "), y Jan ("Die Hölle ... ").

694 Mérimée, Ernest. *Essai sur la vie et les oeuvres de Francisco de Q* (París, 1886), 466pp. ej: C, I, Y, CSIC, Harvard
Reseñas: Maura y Montaner, Antonio. "Discurso ... para honrar la memoria del ... Señor Don Ernesto Mérimée", *BRAE*, XI (1924), 149-56 (Q en las pp. 150-1). Véase también el artículo-reseña extenso de Emilia Pardo Bazán, registrado a continuación, y el de Pedro Nolasco Cruz.

695 Mesnard, Pierre. "Entre Bodin et Q: L'humanisme politique de Juan Pablo Mártir Rizo", *Miscelánea de Estudos a Joaquim de Carvalho* (Figueira da Foz), núm. 2 (1959), 184-94. ej: C, Harvard
Reseña: Molas Batllorí, J., *IHE*, VI (1960), 504, núm. 37.886.

696 Mesonero Romanos, Manuel. "¿Cuál es el verdadero retrato de Q?", *Revista Contemporánea* (M), año XXIV, tomo CXII (1898), 449-56. ej: BN
Sobre el retrato en la colección del Duque de Wellington en Londres; la iconografía de Q; y relaciones suyas con pintores.

697 Mesonero Romanos, Ramón de. "Chistes de Q, extractados de sus obras poéticas", *Semanario Pintoresco Español* (M), XVII (1852), núm. 5, 34-6, y núm. 6, 42-6. ej: I, BN, CSIC
Hay un párrafo de presentación.

698 ——. *El antiguo Madrid: paseos histórico-anecdóticos por las calles y casas de esta villa* (M, 1881), t. II, 293pp. (La primera ed. fue de 1861). ej: F
Sobre las casas de Q en Madrid, pp. 50 y 142, y sobre una comedia suya titulada *Quien más miente medra más*, p. 251.

699 Meyer, Doris L. "Q and Diego López: A Curious Case of Prologue Duplication", *HR*, XLIII (1975), 199-204.

——. Véase también Baum, Doris L., que es la misma persona.

700   Micó Buchón, J.L. "Velázquez, pintor de España", *Eco* (San
Salvador), XVI (1961), 21-9.
Compara a Velázquez con Q y Calderón. Referencia y reseña: Torres
Marín, B.A., *IHE*, VII (1961), 96-7, núm. 39.890.

701   Millares Vázquez, M. "Santiago de España", *PSA*, X (1958),
77-94. ej: F
Q en el litigio del patronazgo de España, entre Santiago y Sta Teresa.

702   Millé y Giménez, Juan. "Comentarios de dos sonetos de Góngora", *Humanidades* (BA), XVIII (1928), 93-102.
Son dos sonetos contra Q. Referencia y reseña: *Boletín de la Real
Academia de Ciencias de Córdoba*, VII (1928), 340-1, que reproduce
una reseña firmada por J.M. de A., en *ABC* (M), año 1928.

703   ——. *El Buscón de Q* (BA, 1921).
Referencia: *BBMP*, VII (1925), 421.

704   ——. "Juan de Leganés: Una rectificación al texto de la *Vida
del Buscón*", *Revista del Ateneo Hispano-Americano* (BA), I
(1918), 150-7.
Referencias: A. Castro, ed. Q, *Buscón* (M, 1927), p. 55, nota 25; también Raymond L. Grismer, *A Bibliography of Articles and Essays on
the Literatures of Spain and Spanish America* (Minneapolis, Minnesota,
1935), p. 174.

705   ——. "Q y Avellaneda: Algo sobre el *Buscón* y el falso *Quijote*", *Helios* (BA), I (1918), 3-18. ej: C, Y, BN, H

706   ——. "Un soneto interesante para las biografías de Lope y de
Q", *Helios* (BA), I (1918), 92-110. ej: C, I, BN, H
Sobre el soneto "Vos de Pisuerga nuevamente Amphriso", de Lope de
Vega, dedicado a Q.

707   Milner, Zdislas. "Le Cultisme et le conceptisme dans l'oeuvre
de Q", *Les Langues Néo-Latines* (París), XLIV (1950), 1-10.
Impreso de nuevo en la misma revista, LIV (1960), 19-35. ej: C, Universidad de California, Berkeley
Reseña: *YWMLS*, XII (1951), 138.

708   Molani Nogui Interiano, Nicolás de. *Querella que Don Quijote
de la Mancha da en el Tribunal de la Muerte contra D. Francisco de Q, sobre la primera y segunda parte de las "Visiones
y visitas" de D. Diego de Torres* (M, 1728), 27pp. ej: BN (Ra-
ros: Cervantes, Caja 18, núm. 25).

Molins, Marqués de. Véase Roca de Togores, Mariano.

709   Monner Sans, José María. "Las fuentes de las *Rimas* becque-
       rianas", *BAAL* (BA), XV (1946), 447-74.
       También en su libro, *Estudios literarios* (BA, 1948), 39-65. Analogía
       de un verso de Q en el romance "Amante ausente, que muere/presumido
       de su dolor" [¿apócrifo?], y la copla acuñada, en la Rima 38, "Los
       suspiros son aire".

709bis Montalegre, Duarte de (pseudónimo de José Vitorino de Pina
       Martins). "Q e o ideal religioso do seu tempo", en su libro,
       Ensaios de literatura europeia (Pensamento Novo, XLIII, Lis-
       boa, 1963), pp. 21-5. ej: C
       Reseña: Ricciardelli, *Books Abroad*, XXXVIII (1964), 224.

710   Montero Bustamante, Raúl. "La tristeza del *Buscón*", en su
       libro, *La ciudad de los libros* (Montevideo, 1944), pp. 331-9.
       ej: I, N

711   Montesinos, Jaime A. "La pasión amorosa de Q: El ciclo de
       sonetos a Lisi". Tesis de la New York University, 1973),
       473pp.
       Hay resumen en *DAI*, XXXIII (1973), pp. 6368A-9A.

712   Montesinos, José F. "Gracián o la picaresca pura", *Cruz y Ra-
       ya* (M), año I, núm. 4 (1933), 37-63. ej: H
       Sobre Q, pp. 46-50, 59.

713   Morales, Ernesto. "El Q americano (Juan del Valle y Cavie-
       des)", *La Prensa* (BA), núm. 24.724 (14 de nov.,1937), segun-
       da sección, p. 4.
       Referencia: *Bibliografía Argentina de Artes y Letras* (BA), VI (1938),
       241, núm. 2868. ej: F

714   Morawski, Josef. "Dwaj Moraliści hiszpańscy, Q i Gracián w
       szacie polskiej" (Poznán, 1934), s. 4. Odb.: *Sprawozdania
       Poznánskiego Tow. Przyjaciół* (Nauk, 1934), nr 1/2 ["Dos
       moralistas españoles vestidos a lo polaco: Q y Gracián", *So-
       ciedad de Amigos de Ciencias de Poznán* (Polonia), año 1934,
       núms 1-2 (4 páginas).] ej: Biblioteka Jagiellońska, Kraków
       Referencia: La misma Biblioteca.

715   Morley, S. Griswold. "New Interpretations of Spanish Poetry:
       A Sonnet of Q", *Bulletin of Spanish Studies* (Liverpool),
       XVIII (1941), 226-8. ej: I, D
       Sobre el soneto "Miré los muros de la patria mía".

716   Morozov, P.O. "Ispanskii Vol'ter" ["El Voltaire español"],

Vestnik Evropy, núm. 12 (1883).
Referencia: Ludmilla B. Turkevich, *Spanish Literature in Russia and in the Soviet Union, 1735-1964* (Metuchen, Nueva Jersey, 1967), p. 147, núm. 878. ej. de Turkevich: Univ. de Miami

717 Morreale, Margherita. "La censura de la geomancia y de la herejía en *Las zahurdas de Plutón* de Q", *BRAE*, XXXVIII (1958), 409-19.
Reseña: *YWMLS*, XX (1958), 203.

718 ——. "Luciano y Q: La humanidad condenada", *RLit*, VIII (1955), 213-27. ej: C
Reseñas: Molas Batllori, J., *IHE*, III (1957), 128, núm. 16.898. Groult, P., *LR*, XII (1958), 85-6. C.V., *NRFH*, XII (1958), 474.

719 ——. "Q y el Bosco: una apostilla a los *Sueños*", *Clavileño*, VII, 40 (1956), 40-4. ej: C, I
Entre otras cosas, trata del pasaje "Mas dejando esto . . ." a la mitad del *Alguacil endemoniado*, ed. Cejador, Clás. Cast., I, 73. Reseña: Groult, P., *LR*, XIII (1959), 80-1.

720 Morris, C.B. "Parallel Imagery in Q and Alberti", *BHS*, XXXVI (1959), 135-45. ej: C
Reseñas: Beser Ortí, S., *IHE*, VI (1960), 125, núm. 34.878. *YWMLS*, XXI (1959), 169 y 188.

721 ——. *The Unity and Structure of Q's "Buscón": "Desgracias encadenadas"* (Hull, 1965), 31pp. (Univ. of Hull, Occasional Papers in Modern Languages, I). ej: C, Harvard
Reseña: Parker, A.A., *BHS*, XLIV (1967), 233-4.

722 Müller, Franz Walter. "Allegorie und Realismus in den *Sueños* von Q", *Archiv für das Studium der Neueren Sprachen und Literaturen* (Freiburg-im-Breisgau, y Munich), CCII (1966), 321-46. ej: D
Reseña: *YWMLS*, XXVIII (1966), 200.

723 Muñoz Cortés, Manuel. "Aspectos estilísticos de Vélez de Guevara en su *Diablo cojuelo*", *RFE*, XXVII (1943), 48-76.
Contiene muchas referencias a Q. Reseña: Bertini, G.M., *QIA*, I (1947), 102-3.

724 ——. "Sobre el estilo de Q: Análisis del romance 'Visita de Alejandro a Diógenes Cínico' ", *Med*, IV (1946), 108-42. ej: C, I, BN
Es el romance que empieza "En el retrete del mosto". También en *Anales de la Univ. de Murcia*, XVI (1957-8), 137-64.

725 Muñoz González, Luis. "La navegación de Q", *CuH*, XCII (1973), 115-37.
Analiza los poemas "Fue sueño ayer", "¡Ah de la vida!", "Vivir es caminar", "¡Cómo de entre mis manos!", y "Cerrar podrá mis ojos".

Muñoz y Manzano, Cipriano. Véase Viñaza, Conde de la.

726 Mutgé y Saurí, Gerardo. "Su obra maestra", en su libro *Eulogio Florentino Sanz, autor del drama "Don Francisco de Q"* (B, 1950), pp. 34-42. ej: C
Capítulo sobre el drama mencionado. Véase también Rose, R. Selden.

727 Nallim, Carlos Orlando. "Sobre Q y el *Buscón*", *Libros Selectos* (México), núm. 22 (1964), 3-8.
Referencia y reseña: R.C., *IHE*, XI (1965), 26, núm. 55.620.

728 Naumann, Walter. " 'Staub, Entbrannt in Liebe': Das Thema von Tod und Liebe bei Properz, Q, und Goethe", *Arcadia*, III (1968), 157-72. ej: Harvard
Sobre Q: pp. 162-8.

729 Navarrete, Rosina D. "La estructura métrica de los sonetos de Francisco de Q (con respecto a la clasificación temática de Blecua)". Tesis doctoral de la Univ. de Maryland, 380pp.
Hay resumen en *DAI*, XXXI (1971), p. 4758A.

730 Navarro de Kelley, Emilia. "El 'concepto metafísico' en la poesía de Francisco de Q", *CuH* (M), LXXXVIII (1972), 142-50.

730bis ——. *La poesía metafísica de Q* (M, 1973), 226pp.

——. Véase también Kelley, Emilia N., que es la misma persona.

731 Navarro Ledesma, Francisco. "Venera perteneciente a D. Francisco de Q y Villegas", *RABM*, Tercera época, IV (1900), 513-15. ej: D, Y

732 Navarro López, Genara. "Papeles de Q en Segura de la Sierra", *Paisaje* (Jaén), núm. 79 (1951-2), 249-58. ej: BN

733 Negro Pavón, D. "La temática de las dos Españas en Q", *Revista de la Univ. de Madrid*, XVIII, núms 70-1 (1969), 229-81.
Referencia: *NRFH*, XXI (1972), 269, núm. 21-3192.

734 Neira de Morasque, Antonio. "Dos versos para otros dos", *Nac* (BA), 26 de abril, 1871, sección de "Conversación", p. 21.

Sobre Q y Pérez de Montalbán. Referencia: *Bibliografía Argentina de Artes y Letras* (BA), núm. 32-5 (1968), 237, núm. 4578.

735   Neruda, Pablo. "España no ha muerto. Q adentro", cap. III de su libro *Neruda entre nosotros* (Montevideo, 1939), 58pp.
ej: N

736   ——. "Q", *Cruz y Raya* (M), año III, núm. 33 (1935), 83-101.

ej: H, I
Tras unos párrafos, escogidos de las cartas de Q, selecciona y reproduce los sonetos siguientes: "Todo tras sí lo lleva . . ."; "Fue sueño ayer . . . ";
" ¡Ah de la vida . .! "; "Pierdes el tiempo . . . "; "Cargado voy de mí . . . "; "Cerrar podrá mis ojos . . . "; "Si hija de mi amor . . . ";
"Qué perezosos pies . . . "; "Vivir es caminar . . . "; "Diome el cielo dolor . . . "; "No me aflige morir . . . "; "Falleció César, fortunado . . . ";
"Miré los muros . . . "; "Qué otra cosa es verdad . . . "; y finalmente, " ¡Cómo de entre mis manos . .! ".

737   ——. "Viaje al corazón de Q", *Cursos y Conferencias* (Argentina), XXXIV (1948), 1-17. ej: Y, N
También en su libro, *Viajes* (Santiago de Chile, 1955), pp. 9-40.   ej: I

738   ——. *Viajes al corazón de Q y por las costas del mundo* (Santiago de Chile, 1947), 73pp. ej: N
También en sus *Obras completas* (BA, 1968), pp. 9-26.

739   Neufeld, Evelyn. "The Historical Progression from the Picaresque Novel to the *Bildungsroman*, as shown in *El Buscón, Gil Blas, Tom Jones*, and *Wilhelm Meisters Lehrjahre*". Tesis doctoral de la Washington University, St Louis, 143pp.
Hay resumen en: *DAI*, XXXI (1971), pp.3514A-15A.

740   Nogales, José. "Don Quijote y el Buscón", en *El Ateneo de Madrid en el III Centenario de la publicación de "El ingenioso hidalgo don Quijote de la Mancha": Conferencias de los señores Bonilla, Canalejas, Cejador . . .* (Madrid, 1905), pp. 339-47.
ej: I

741   Nolting-Hauff, Ilse. "Vision, Satire und *Ingenio* in Qs *Sueños*". Tesis de la Univ. de Bonn, 1965.
Referencia: *NRFH*, XIX (1970), 585, núm. 19.8143.

742   ——. *Vision, Satire und Pointe in Qs "Sueños"* (Munich, 1968), 207pp. ej: C, Harvard
Reseñas: Barrientos, Juan José, *NRFH*, XX (1971), 148-9. Müller, F.W., *RF*, LXXXII (1970), 208-12. Oostendorp, H.Th., *Neophilologus* (Groningen), LV (1971), 344-5. *YWMLS*, XXX (1968), 214. Hay traducción

al español por A. Pérez de Linares: *Visión, sátira y agudeza en los "Sueños" de Q* (M, 1974), 317pp.

743 Ochoa, Eugenio de. "Q", *Album Pintoresco Universal* (B), III (1843), 93-8. ej: F

744 O'Connell, Patricia. "Francisco de Q's Study of Philosophy in the University of Alcalá de Henares", *BHS*, XLIX (1972), 256-64.

745 O'Regan, M.J. "The Fair Beggar: Decline of a Baroque Theme", *MLR*, LV (1960), 186-99.
Estudia a Q, entre otros.

746 Orellana, Francisco J. *Q. Novela histórica* (B, 1857), 868pp.
También B, 1860 (ej: I), y B, 1863.

747 Orozco y Díaz, Emilio. "La polémica de *Las soledades* a la luz de nuevos textos: Las advertencias de Almansa y Mendoza", *RFE*, XLIV (1961), 29-62.
Sobre Q, las pp. 40, 52-5.

748 ——. "Sonetos inéditos de Q", *Boletín de la Universidad de Granada*, XIV (1942), 3-7. ej: C
Sobre los sonetos " ¡Oh gran Apolo! yo quisiera – ¿Qué?"; "Agua va, tripas mías, agua va"; "Ay necios, ay mordaces, ay groseros"; "Me motiva este niño mil enojos". Pero hoy se cree que son apócrifos; véase Blecua, ed. de Q, *Poesía original*, 1968.

749 Ortuño, Manuel J. "Francisco Q's *Vida de Marco Bruto*". Tesis de la Univ. de Michigan, 1973, 217pp.
Hay resumen en *DAI*, XXXIV (1973), p. 1962A.

750 Pabón Núñez, Lucio. "Q, político de la oposición", en su libro del mismo título (Bogotá, 1949), pp. 5-14. ej: I
Reseña: Granero, J.M., *Razón y Fe* (M), CXLV (1952), 522.

751 ——. "Q, antecesor de Papini", en su libro, *Q, político*, pp. 15-20.
Se compara *La fortuna con seso* de Q con *Gog*, del novelista moderno italiano Giovanni Papini.

752 ——. "Polémicas literarias de Q", en su libro, *Q, político*, pp. 21-32.

753 ——. *Por la Mancha de Cervantes y Q* (M, 1962), 110pp. ej: BN (Cervantes, caja 26, núm. 17).
Sobre Q, pp. 93-105. Reseñas: A., *Índice de Artes y Letras* (M), XVI,

núm. 166 (1962), 22-3 ("Hay un apéndice minúsculo y sabroso, dedicado a Q y a su famosa Torre de Juan Abad"). A.B., *Brotéria* (Lisboa), LXXVI (1963), 635-6. Micó Buchón, *Razón y Fe* (M), CLXVII (1963), 552. ej: F

754   Palau y Dulcet, Antonio. "Bibliografía de Francisco de Q y Villegas", en su libro, *Manual del librero hispanoamericano*, t. VI (B, 1923), s.v. Q; y la nueva ed., mucho más amplia, t. XIV (B, 1962), pp. 367-406. ej: C, I, Harvard

755   Palomino, A. "Poetas satíricos. Una luz que le falta a la catarsis", *Uro*, núm. 2 (1970), 65-9.
Sobre Q en especial. Referencia: *NRFH*, XXI (1972), 570, núm. 21-6907.

756   Papell, Antonio. *Q: Su tiempo, su vida, su obra* (B, 1947), 576pp. ej: C, Harvard
Reseñas: Cano, J.L., *REP* (M), XIX (1947), 506-7. Dolç, M., *Universidad* (Zaragoza), XXV (1948), 380-1.

757   Pardo Bazán, Emilia. "D. Francisco de Q", en su libro *Hombres y mujeres de antaño: Semblanzas* (B, s.a.), pp. 7-98. ej: C, Univ. de California (Berkeley).

758   ——. "Don Francisco de Q, con ocasión de un libro reciente: I", en su revista *Nuevo Teatro Crítico*, núm. 18 (1892), 20-59. ej: I, CSIC, Y
Artículo-reseña del libro de Mérimée.

759   ——. "Don Francisco de Q, con ocasión de un libro reciente: II", *Nuevo Teatro Crítico*, núm. 19 (1892), 20-51. ej: I, CSIC, Y
Continuación del artículo anterior.

760   ——. "Don Francisco de Q, con ocasión de un libro reciente: III", *Nuevo Teatro Crítico*, núm. 23 (1892), 19-60. ej: I, Y, CSIC

761   Parker, Alexander A. "La 'agudeza' en algunos sonetos de Q", *Estudios dedicados a Menéndez Pidal*, III (M, 1952), pp. 345-60. ej: C, I
Reseñas: Lope Blanch, J.M., *NRFH*, XI (1957), 227. *YWMLS*, XIV (1952), 138.

762   ——. "La buscona piramidal: Aspects of Q's Conceptism", *Iberoromania* (Munich), I (1969), 228-34. ej: I

763   ——. "The Psychology of the Pícaro in *El Buscón*", *MLR*,

XLII (1947), 58-69. ej: C, I
Reseña: Boyd-Bowman, P., *NRFH*, II (1948), 408.
Hay versión revisada en su libro, *Literature and the Delinquent: The Picaresque Novel in Spain and Europe, 1599-1753* (Edinburgo, 1967), pp. 56-73. ej: C
Reseña del libro: *YWMLS*, XXIX (1967), 192 (véanse también los núms 404bis, 575, y 577).

764 Pascual Estevill, Luis. "La idea de la muerte en la poesía de Q", *ABC* (M), núm. 20.904 (27 de marzo, 1973), p. 19. ej: C

765 Pascual Recuero, Pascual. "Los judíos en las obras de Q", *Miscelánea de Estudios Árabes y Hebraicos* (Granada), XII-XIII (1963-4), fascículo 2, pp. 131-44. ej: F

766 Pastor, E. "El tercer centenario de Q", *RBAMAM*, XV (1946), 219-30. ej: D

767 Patermain, Alejandro. *Q: agonía y desafío* (Montevideo, 1969), 62pp.
Referencia: *NRFH*, XX (1971), 586, núm. 20-7891.

768 Paterson, Alan. "*Sutileza del pensar* in a Q Sonnet", *MLN*, LXXXI (1966), 131-42.
Sobre el soneto, "Alma es del mundo Amor; Amor es mente". Reseña: *YWMLS*, XXVIII (1966), 199.

769 Pedro, Valentín de. "América en la genial diversidad de Q", en su libro, *América en las letras españolas del Siglo de Oro* (BA, 1954), pp. 169-84. ej: Univ. de Miami.
Reseñas: Gómez Galán, A., *Arbor*, XXXII (1955), 171-2. Largo Carballo, A., *CuH* (M), XXII (1955), 109-11.

770 ——. "Q, zahorí de la libertad americana", *Revista de Educación* (La Plata), Nueva serie, año III, núm. 1 (1958), 53-61. ej: I
Sobre las referencias que hace Q en *La hora de todos* a la América Latina, y en especial a Chile.

771 Pensado, José Luis. "Noticias de [Fr. Martín] Sarmiento sobre una jácara de Q", *Cuadernos de Estudios Gallegos* (Santiago de Compostela), XXIV (1969), 259-74. ej: C, CSIC
Sobre la jácara, "Después que de puro viejo".

772 Penzol, Pedro. "Comentario al estilo de Don Francisco de Q", *Bulletin of Spanish Studies* (Liverpool), VIII (1931), 76-88. ej: C, I, Y

También el mismo artículo, con el título "El estilo de D. Francisco de Q", *Erudición Ibero-Ultramarina* (M), II (1931), 70-86. ej: BN, CSIC

Pereira-Caldas, José Joaquim da Silva. Véase Silva.

773   Perés, Ramón D. "Divagaciones de un Moderno acerca de un Clásico", *RHi*, XLIII (1918), 10-26. ej: C, BN, I, Y
Sobre el *Buscón*.

774   Pérez Bustamante, Ciriaco. "La supuesta traición del Duque de Osuna", *Revista de la Universidad de Madrid*, I (1940), 61-74. ej: C
Sobre Q como representante del Duque de Osuna, 1613-19.

775   ——. "Q, diplomático", *REP* (M), XIII (1945), 159-83.
ej: C, BN
Sobre Q como representante del Duque de Osuna, 1613-19. Reseña de la conferencia original: *RBAMAM*, XIV (1945), 504-7. ej: C

776   ——. "Un parlamento napolitano en 1617: Cartas y noticias de don Francisco de Q", *Boletín de la Universidad de Santiago de Compostela*, año V, t. I (1933), 375-400. ej: C, W, BN

777   Pérez Carnero, Celso. *Moral y política en Q* (Salamanca, 1971), 133pp.
Referencia: *NRFH*, XXI (1972), 571, núm. 21-6920.

778   Pérez Clotet, Pedro. *La "Política de Dios" de Q: Su contenido éticojurídico* (M, 1928), 202pp. ej: C, Harvard

779   Pérez Gómez, Antonio. "A propósito de un romance de Q: 'Orfeo en los Infiernos' ", *Bibliografía Hispánica* (M), IX (1951), 89-90. ej: N
Sobre el romance "Orfeo por su mujer".

780   Pérez Minik, Domingo. "Q escribe una novela picaresca", en su libro *Novelistas españoles de los siglos XIX y XX* (M, 1957), pp. 57-65. ej: BN
Reseña: Molas Batllorí, J., *IHE*, IV (1958), 114-15, núm. 24.852.

781   Pérez Navarro, Francisco. "El diablo en Occidente: En torno a la Celestina, a la Cañizares, y a la madre del Buscón don Pablos", *Índice de Artes y Letras* (M), XIII, núm. 126 (1959), 19.

782   Pérez Pastor, Cristóbal [Notas de documentos notariales sobre Q y sus parientes], en *Memorias de la Real Academia Espa-*

ñola (M, 1910), t. X, pp. 249-51. ej: I

783 Peraldo, José Julio. "Notas a Góngora, Lope, Q", *Poesía Española* (M), núm. 87 (marzo de 1960), 21-5; y núm. 88 (abril de 1960), 24-8. ej: H
Comentario biográfico-literario de Q, núm. 87, pp. 21-2, y núm. 88, pp. 25-8.

784 Peseux-Richard, H. "A propos du *Buscón*", *RHi*, XLIII (1918), 43-59. ej: C, I, Y

785 ——. "Edad de Março", *RHi*, XLIII (1918), 565-6. ej: C, I, Y
Sobre esta frase del *Buscón*, consúltese la reseña de A. Castro, *RFE*, V (1918), 406-7.

786 ——. "Une Traduction italienne du *Buscón*", *RHi*, XLIII (1918), 59-78. ej: C, I, Y
Sobre Alfredo Giannini, *Vita del Pitocco* (Roma, 1917), xxxii, 231pp.

787 Petit Caro, Carlos. "Sevilla en la obra de Q", *Archivo Hispalense* (Sevilla), segunda época, núms 18, 19 y 20 (1946).
Referencia: separata-monografía (Sevilla, 1946), 47pp. ej: C

788 Pi y Margall, Francisco. "Don Francisco de Q", en su libro, *Diálogos y artículos* (B, s.a.), pp. 180-3 (Colección Diamante, t. XLIV). ej: C
Hay otra ed., B, s.a., en la que ocupa este ensayo las pp. 185-8 (ej: BN). Comenta con ejemplos el uso de la antítesis que hace Q.

789 Picardo, Edward N. "The Translations and Adaptations of Q's *The Visions* in English Literature between 1640 and 1715". Tesis de Licenciatura de University College, Swansea, Gales (1965), 298pp. ej: C (copia mecanografiada).

Piero, Raúl A. del. Véase Del Piero, R.A.

Pina Martins, Jose Vitorino de. Véase Montalegre, Duarte de.

790 Pinna, Mario. "Influenze delle lirica di Q nella tematica di Ciro di Pers", *Annali di Ca' Foscari* (Venecia), V (1966), 105-14.
Referencia: *PMLA*, LXXXIII (1968), 800, núm. 13.710.

791 ——. *La lirica di Q* (Padua, 1968), 192pp. ej: Univ. de Miami, Harvard
Reseña: Josia, V., *QIA*, núms 42-4 (1973-4), 181-2.

792 ——. "La lirica di Q nei *Poemas metafísicos*", *Annali della Scuola Normale Sup. di Pisa*, Serie 2, XXXVII (1968), 141-61. ej: Harvard

793 ——. "Q e Ciro di Pers", *Filología Moderna* (M), IV (1965),

211-21. ej: BN

794 ——. "Q e Rubén Darío, poeti del 'Nocturno': Proposte per una lettura", *Rivista di Letterature Moderne e Comparate* (Florencia), XXVI (1973), 31-8.
Referencia: *1973 MLA Int'l Bibl.*, II, p. 109, núm. 6847.

795 Pitollet, Camille. "A propos d'un *romance* de Q", *BHi*, VI (1904), 332-46. ej: C, I, BN
Sobre el romance "Orfeo por su mujer".

796 ——. "Un écho oublié du *romance* de Q: 'Orfeo' ", *BHi*, VIII (1906), 392-3. ej: I
Addenda al otro artículo de Pitollet sobre este romance, y comentario al de Buchanan.

797 Place, Edwin B. "Salas Barbadillo, Satirist", *Romanic Review*, XVII (1926), 230-42.
Sobre Q, las pp. 235-9.

798 Porras, Antonio. "Meditaciones sobre la poesía", *Cuadernos del Congreso por la Libertad de la Cultura* (París), IX, núm. 46 (1961), 85-91. ej: BN
Q es el tema de las pp. 85-91: "Bajo el signo del cansancio".

799 ——. *Q* (M, 1930), 463pp. ej: C, Harvard (signatura: Span 5305.82).
Reseñas: Castro, A., *RFE*, XXI (1934), 171-8. *YWMLS*, II (1931), 80.

Praag, Jonas Andries Van. Véase Van Praag, J.A.

800 Prat, José. "Francisco de Q y el estoicismo español", *RdA* (Bogotá), III (1945), 385-91. ej: Y, I

801 Price, R.M. "A Critical Analysis of the Sonnets of Francisco de Q". Tesis de la Universidad de Manchester, Inglaterra (1960).
Referencia: *BHS*, XLIX (1972), 334, núm. 158.

802 ——. Prólogo y notas a su ed., *An Anthology of Q's Poetry* (Manchester, 1969), 36, 137pp. ej: C
Reseñas: Baum, D.L., *H*, LIV (1971), 412-13. Wilson, E.M., *BHS*, XLVII (1970), 256-8. *YWMLS*, XXXI (1969), 209.

803 ——. "A Note on the Sources and Structure of 'Miré los muros de la patria mía' ", *MLN*, LXXVIII (1963), 194-9.

804 ——. "A Note on Three Satirical Sonnets of Q", *BHS*, XL

(1963), 79-88.
Los sonetos son: "Que no me quieren todas, confieso"; "Mientras que tinto en mugre sorbí brodio"; y "Volver quiero a vivir a trochimoche".

805 ——. "On Religious Parody in the *Buscón*", *MLN*, LXXXVI (1971), 273-9.
Reseña: *YWMLS*, XXXIII (1971), 260-1.

806 ——. "Q's Satire on the Use of Words in the *Sueños*", *MLN*, LXXIX (1964), 169-87.

807 ——. "The Lamp and the Clock: Q's Reaction to a Commonplace", *MLN*, LXXXII (1967), 198-209.

808 Prieto, A. "De un símbolo, un signo y un síntoma (Lázaro, Guzmán y Pablos)", *Prohemio* (Madrid y Pisa), I (1970), 357-95.
Referencia: *NRFH*, XXI (1972), 542, núm. 21-6033.

809 Prieto Barral, M.F. "Grabados para Q y tapices para San Juan de la Cruz", *La Estafeta Literaria* (M), núm. 487 (1972).
Referencia: *NRFH*, XXIII (1974), 475, núm. 23-3649.

810 Pring-Mill, Robert D.F. "Some Techniques of Representation in the *Sueños* and the *Criticón*", *BHS*, XLV (1968), 270-84.
Con el título "The Shifting World and the Discerning Eye", fue leído al Congreso de la F.I.L.L.M. (Estrasburgo, 1966), y registrado en *NRFH*, XIX (1970), 585, núm. 19-8146. Reseña del artículo: *YWMLS*, XXX (1968), 214.

810bis ——. "Spanish Golden Age Prose and the Depiction of Reality", *The Anglo-Spanish Society Quarterly Review* (Londres), núm. 32-3 (1959), 20-31. ej: C
Sobre los *Sueños* y el *Buscón* (pp. 28-9).

811 Quilis, Antonio. "Los encabalgamientos léxicos en -*mente* de Fray Luis de León y sus comentaristas", *HR*, XXXI (1963), 22-39.
Sobre Q, las pp. 25-8. Reseña: *BICC*, XXII (1967), 303.

812 R., J. "La prisión de Q (Romance histórico tradicional)" (M, Librería de la Viuda e hijos de D. J. Cuesta, 1871), 1 pliego suelto. ej: C
Es el "Número 23" de una serie de romances "históricos", de los cuales hay una lista en el Catálogo 120 de la Librería Viuda de Estanislao Rodríguez, M, 1959, pp. 40-1.

Ramalho, Américo da Costa. Véase Da Costa Ramalho, A.

813   Ramírez, Alejandro [Notas a la correspondencia de Q y Lipsio], en su ed. del *Epistolario de Justo Lipsio y los españoles, 1577-1606* (M, 1966), pp. 387-94, 400-5, y 411-15.

814   Ramírez, Alfonso Francisco. "El pensamiento político: Francisco de Q", *Libros Selectos* (México), III, núm. 8 (1961), 15-18.
Referencia y reseña: *IHE*, VII (1961), 94, núm. 39.869.

815   Randall, Dale B.J. "The Classical Ending of Quevedo's *Buscón*", *HR*, XXXII (1964), 101-8.
Reseñas: Rico Manrique, F., *IHE*, XI (1965), 436, núm. 58.766. *BICC*, XXII (1967), 310-11. *YWMLS*, XXVI (1964), 209.

815bis ——. *The Golden Tapestry: A Critical Survey of Non-Chivalric Spanish Fiction in English Translation (1543-1657)* (Durham, North Carolina, 1963), ix, 262pp.
Incluye secciones sobre los *Sueños* (pp. 193-8), el *Infierno enmendado* (pp. 198-201), el *Caballero de la tenaza* (pp. 201-6), y el *Buscón* (pp. 206-14).

816   Rangel, Vincente H. "Los elementos cómicos en la obra de Q: Una investigación en técnicas de desvalorización". Tesis doctoral de la Univ. de Virginia, 263pp.
Hay resumen en: *DAI*, XXXI (1970), pp. 1238A-9A.

817   Rauhut, Franz. "Influencia de la picaresca española en la literatura alemana", *RFH*, I (1939), 237-56. ej: F, I
Sobre Q, las pp. 240, 243-50, y 254.

818   Reedy, Daniel R. "Gregório de Matos: The Q of Brazil",*Comparative Literature Studies* (College Park, Maryland), II (1965), 241-7. ej: Harvard

819   Reglá, Juan. "Un dato para la biografía de Q", *RFE*, XL (1956 [=1957]), 234-6.
Sobre el paso de Q por Cataluña camino a M en 1617. Reseñas: Lope Blanch, J.M., *NRFH*, XIV (1960), 151. Batlle Gallart, C., *IHE*, III (1957), 767, núm. 23.074.

820   Reichart, Dieter. "Von Qs *Buscón* zum deutschen *Avanturier*" [sic]. Tesis de la Univ. de Hamburgo, 1969.
Referencia: *NRFH*, XX (1971), 587, núm. 20-7928.

821   ——. *Von Qs "Buscón" zum deutschen "Avanturier"* [sic] (Bonn, Bouvier, 1970). ej: Harvard

822   Ressigeac, –. "Luis Vélez de Guevara". Mémoire de diplôme,

Toulouse, 1909.
Reseñado en *BHi*, XII (1910), 463 ("apporte des conclusions intéressantes . . . sur . . . les rapports entre *[El diablo cojuelo]*, . . . les œuvres de Quevedo . . . et Quevedo lui-même").

823   Retana, Wenceslao E. Prólogo (pp. 417-40) a su ed. de la "Tercera parte de la vida del gran Tacaño", por Vicente Alemany. *RHi*, LIV (1922), 417-558. ej: I, BN
Reseñas: *Nuestro Tiempo* (M), XXIII (1923), 355-58 (ej: I, BN). Bayle, Constantino, *Razón y Fe* (M), LXIX (1924), 382.

824   Rexach, Rosario. "El hombre nuevo en la novela picaresca española", *CuH*, XCII (1973), 367-77.
Sobre el *Buscón*, pp. 371-4.

825   Rey, Agapito. "An English Imitation Attributed to Q", *Romanic Review*, XX (1929), 242-4.

826   Reyes, Alfonso. "Apostillas a Q", en sus *Obras completas*, VI (México, 1957), 85-8. ej: D
Publicado por primera vez en 1917.

827   —. "Estudios en torno al *Buscón*", en sus *Obras completas*, VII (México, 1958), 399-404. ej: D
Publicado por primera vez en 1919.

828   —. "Los huesos de Q", en sus *Obras completas*, III (México, 1956), 131-3. ej: D
También en su libro, *El Cazador* (M), 1921, pp. 63-6.

829   —. "Prólogo a Q", en sus *Obras completas*, VI (México, 1957), 74-84. ej: D
Publicado por primera vez en 1917.

830   —. Prólogo (pp. 11-30), comentarios breves a distintos géneros de obras (pp. 37, 143, 261, 309, 329), y notas, en su ed. de Q, *Páginas escogidas* (M, 1917), 403pp. ej: C, W
También: el prólogo y los comentarios, casi íntegros y casi sin adiciones, en Reyes, "Q", en su libro *Cuatro ingenios* (BA, 1950), pp. 73-97 (ej: C). Reseña de *Páginas escogidas:* Pellizzari, A., *Rassegna* (Florencia), II (1917), 449-50.

830bis Ricapito, Joseph V. "Toward a Definition of the Picaresque: A Study of the Evolution of the Genre Together with a Critical and Annotated Bibliography of *La vida de Lazarillo de Tormes*, *Vida de Guzmán de Alfarache*, and *Vida del Buscón*". Tesis de la Universidad de California, Los Ángeles, 1966, 660pp.

Hay resumen en *DA*, XXVII (1967), pp. 2542A-3A.

831   Rico, Francisco. *La novela picaresca y el punto de vista* (B, 1970), 141pp.
Sobre Q, pp. 120-30, 133, 137, 140-1. Reseña: *YWMLS*, XXXII (1970), 228. 2ª ed. (B, 1973), 149pp. Incluye una lista extensa de las reseñas de la 1ª ed. (pp. 144-5).

832   Rider, Alice Emma. "Forms of Ironic Expression in Q's *Sueños*". Tesis doctoral de la Catholic Univ. of America, 380pp.
Hay resumen en: *DA*, XXIV (1964), p. 4196.

833   Ritter, Otto. "Qs Orpheus-Gedichte in England", *Archiv für das Studium der Neueren Sprachen* (Braunschweig), CXI (1903), 178-9. ej: D, Y, I

834   Rivers, Elias L. "Religious Conceits in a Q Poem", *Studies in Spanish Literature of the Golden Age Presented to Edward M. Wilson* (Londres, 1973), pp. 217-23. ej: C
Reseña: *YWMLS*, XXXV (1973), 239. Sobre el *Poema heroico a Cristo resucitado.*

835   Roca de Togores, Mariano (Marqués de Molins). "Don Francisco de Q Villegas", *El Observador Pintoresco*, año I, núm. 16 (23 de agosto, 1837), 123-7. ej: H, BN
Biografía de Q, de 1580 a 1620. Es el primero de dos artículos proyectados; no encuentro el segundo.

836   Rocamora, Pedro. "Q o la aventura de la libertad", *Arbor* (M), LVII (1964), 137-54.
Reseñas: Ortega Canadell, R., *IHE*, X (1964), 63, núm. 52.161. De Poortere, L., *LR*, XX (1966), 384. *YWMLS*, XXVI (1964), 209. También en su libro, *De Góngora a Unamuno* (M, 1965), pp. 55-86. ej: BN

837   Rodríguez Espartero, Julián. *Reparos de encuentro, y respuestas de passo, sobre las "Visiones de Torres con D. Francisco de Q por la Corte"* (M, 1727 [?]), 20 folios. ej: C, BN (signatura 3/22516).

838   Rodríguez Marín, Francisco. "Doce cartas de Q, unas parcial y otras totalmente inéditas", *BRAE*, I (1914), 586-607. ej: C
Datan de 1615 a 1618; algunas son autógrafas.

839   ——. "La segunda parte de la *Vida del pícaro*, con algunas noticias de su autor", *RABM*, 3ª serie, XVIII (1908), 60-74. ej: I, Y, BN
Rechaza la atribución a Q.

Quevedo

840   Rodríguez-Moñino, Antonio. "Cancionero manuscrito del siglo XVII", *Estudios dedicados a James Homer Herriott* (Madison, Wisconsin, 1966), pp. 189-218. ej: C
Noticias bibliográficas de los textos de 19 poemas de Q.

841   ——. "Las *Maravillas del Parnaso*, romancerillo del Siglo de Oro (1637-40): Noticias bibliográficas", *Anuario de Letras* (México) (1961), 75-98. ej: C
Noticias bibliográficas de los textos de 16 poemas de Q.

842   ——. "Los manuscritos del *Buscón* de Q", *NRFH*, VII (1953), 657-72.
Hallazgo del verdadero ms. de Bueno; véase la edición de F. Lázaro Carreter. Reseñas: Groult, P., *LR*, X (1956), 94-5. Molas Batllorí, J., *Bibliografía Histórica de España e Hispanoamérica*, I (1953-4), 669, núm. 6137. *YWMLS*, XV (1953), 161.

843   Rodríguez Páramo, Jorge. "Don Francisco", *RdI*, XXV (1945), 449-56. ej: I, Y

844   Roig, R. "Sobre *El caballero de las espuelas de oro*", *Hechos y Dichos* (Zaragoza), XL (1964), 805-6.
Véase Casona, Alejandro. Referencia: *NRFH*, XVIII (1965-6), 632, núm. 18-6817.

845   Roig del Campo, José A. "La muerte en la poesía de Q", *Humanidades* (Comillas), XIX, núm. 46 (1967), 79-101.
Referencia: *RLit*, XXXI (1967), 242, núm. 33.941.

846   Romera Navarro, Miguel. "Góngora, Q, y algunos literatos más en *El Criticón*", *RFE*, XXI (1934), 248-73.

847   Ros, Carlos. *Rondalla de rondalles a imitació del "Cuento de cuentos" de Don Francisco de Q, y de la "Historia de históries" de Don Diego de Torres: composta por un curiós apaionat a la llengua Llemosina; y treta a llum per Carlos Ros* (Valencia, 1820), 76pp. ej: BN (sig. 1/1960). Hubo una ed. de Valencia, 1768, 91pp., según carta personal de Maurice Ettinghausen, director de A. Rosenthal, Ltd.

848   Rose, Constance H. "Pablos' *damnosa hereditas*", *RF*, LXXXII (1970), 94-101.
Reseña: *YWMLS*, XXXII (1970), 231.

849   Rose, R. Selden. Prólogo y notas a su ed. de Q, *España defendida*, en el *Boletín de la Real Academia de la Historia* (M), LXVIII (1916), 515-43, 629-39; LXIX (1916), 140-82. ej: C

108

También separata (M, 1916), 16, 88pp. ej: C

850   ——. Prólogo (pp. 1-32), notas, y vocabulario con comentarios muy extensos (pp. 283-405), a su ed. de la *Historia de la vida del Buscón* (M, 1927), 411pp. ej: C, I, BN
Reseña: Castro, A., *RFE*, XV (1928), 186-90. Véase también el núm. 842.

851   ——. Prólogo y notas a su ed. de Eulogio Florentino Sanz, *Don Francisco de Q: Drama en cuatro actos* (Boston, 1917), xxxii, 249pp. ej: C
Hay reseña de la obra de Sanz: Herrán, Fermín, *Revista de España* (M), LXXXII (1881), 381-402 (ej: I, Y), y de la ed. de Rose, por Buceta, E., *MLN*, XXXIII (1918), 163-8 [citada extensamente en *BRAE*, VIII (1921), 116-21]. La obra fue estrenada en M, 1848, y hay ejemplar de la primera edición (M, 1848) en la BN (T/12015), y también de la segunda (T/270). Véanse también los núms 33, 726, y 987.

851bis ——. "Q and *El Buscón*". Tesis de la Universidad de California, Berkeley, 1915.
Referencia: Chatham, James R., y Ruiz-Fornells, Enrique, *Dissertations in Hispanic Languages and Literatures* (Lexington, Kentucky, 1970), p. 48. ej. de Chatham: D

852   ——. "The Patriotism of Q", *MLJ*, IX (1924-5), 227-36. ej:C, I, CSIC

853   Rothe, Arnold. "Q und seine Quellen", *RF*, LXXVII (1965), 332-50.

854   ——. *Q und Seneca: Untersuchungen zu den Frühschriften Qs* (Ginebra y París, 1965), 117pp. ej: C, Harvard
Reseñas: Blüher, K.A., *Archiv für das Studium der Neueren Sprachen* (Freiburg/Br. y Munich), CCV (1968), 149-50. Ettinghausen, Henry, *BHS*, XLIII (1966), 290-2. Fuss, A., *Romanistisches Jahrbuch* (Hamburgo), XXI (1970), 368-71. Hempel, Wido, *RF*, LXXVIII (1966), 173-5 (resumida en *RFE*, LI (1968), 304). Sobejano, G., *HR*, XXXVI (1968), 370-5. *YWMLS*, XXVII (1965), 186.

855   Rovatti, M. Loretta. "Saggio di un repertorio di arti e mestiere nei *Sueños* di Q", en su libro, *Venezia nella letteratura spagnola e altri studi barocchi* (Padua, 1973), pp. 163-98. ej: C

856   ——. "Struttura e stile nei *Sueños* di Q", *Studi Mediolatini e Volgari*, XV-XVI (1968), 121-67. ej: Cornell

857   Rozas, Juan M. "Q en limpio", *Íns*, XXV, núm. 284-5 (1970), 15-16.

858 Rubio, P. Fernando. "El *Discurso de las privanzas* de Q y el *Tratado del perfecto privado* del P. Pedro Maldonado, O.S.A.", *Anuario Jurídico Escurialense* (San Lorenzo del Escorial), V (1964), 575-85. ej: C

859 Rubio Díez, Luis Jesús. "Estudios penales sobre el *Buscón*: Alonso Ramplón el verdugo", *Revista General de Legislación y Jurisprudencia* (M), XXXIV, núm. 6 (1957), 745-62.
Estudio médico-legal y psicológico del personaje, en comp. con otros verdugos que aparecen en obras históricas y literarias. Reseña: *IHE*, IV (1958), 454, núm. 27.811.

860 Saint-Andéol, M. Hélène de. "La Fortune littéraire de Q en France". Diplôme d'Études Supérieures, Univ. de París, 1966.
Referencia: *NRFH*, XX (1971), 331, núm. 20-3864.

861 Sainz Rodríguez, Pedro. *Las polémicas sobre la cultura española* (M, 1919), 46pp.
Sobre Santiago Matamoros, siglo XVI; Q; y Forner, Laverde Ruiz y Ménendez Pelayo. Referencia: H.Serís, *Manual de bibliografía de la literatura española*, I, fasc. 2 (Syracuse, Nueva York, 1954), p. 426. Reseña: Artigas, Miguel, *BBMP*, I (1919), 108-9.

862 Salas, Xavier de. "Q, el Bosco y Góngora", *Azor* (B), año III, núm. 17 (1934), p. 39. ej: BN (signatura Z/1090)
Citas del *Alguacil endemoniado*, y de la sátira contra Góngora atribuida a Q, "Alguacil del Parnaso . . . ", en la que se llama a Góngora, "Bosco de los poetas". Sobre la atribución véase Crosby, *En torno*, p. 137.

863 ——. *El Bosco en la literatura española*. Discurso de recepción en la Real Academia de Buenas Letras de B, y Contestación de Carlos Sanllehy (B, 1943), 68pp. (Sobre Q, pp. 31-5). ej: C, BN

863bis —— [Adiciones al núm. 863 anterior] en *1930-55: Homenaje a J.A. van Praag* (Amsterdam, 1956), pp. 108-13.
Referencia y reseña: *NRFH*, XVI (1962), 136.

864 Salaverría, José María. "El primer periodista de España", *ABC* (M), núm. 5.620, 11 de enero, 1921. ej: C
Sobre Q.

865 ——. Prólogo y notas a su ed. de Q, *Obras satíricas y festivas* (M, Clásicos Castellanos, LVI, 1948), 29, 257 pp.
Reseña: Williams, R.H., *Romanic Review*, XVII (1926), 268-9.

866 Salillas, Rafael. "Poesía rufianesca: jácaras y bailes", *RHi*,

XIII (1905), 18-75. ej: C
Tiene muchas referencias a Q.

867 Salinero, Fernando G. "Dos arquetipos de la picaresca cervantina: El esportillero y el rufián", en *Proceedings: Pacific Northwest Conference on Foreign Languages*, ed. Walter C.Kraft (Corvallis, Oregon State University Press, 1973), pp. 115-18.
Referencia: *1973 MLA Int'l Bibl.*, II, p. 108, núm. 6753.

Saltillo, Marqués del. Véase Lasso de la Vega, Miguel.

868 San José, Diego. "Comentarios. Los huesos de Q", *El Liberal* (M), núm. 14.655 (16 de junio, 1920), p. 3, col. 1. ej: BN

869 ——. *Mentidero de Madrid* (M, 1914).
Referencia: Astrana Marín, L., "Bibliografía de Q", en su ed. del *Epistolario de Q* (M, 1946), p. 819.

870 San Martín, Antonio de. *Aventuras galantes de Q. Narración histórica* (Valencia, Ed. Petronio, 1973), 2 vols., 772pp.
Pseudónimo de Manuel Fernández y González; véase también este nombre.

871 ——. *El casamiento de Q: Novela original* (M, La Galería Literaria [¿1886?]), 222pp. ej: C

872 ——. *Las bendiciones de Q. Novela festiva* (M, 1881), 236pp. ej: BN

873 [¿——?]. *Los amores de Q.*
Este título figura entre los publicados por la Galería Literaria, que editaba Diego Murcia, y consta en la lista al final de mi ejemplar de *El casamiento de Q*, por San Martín.

874 [¿—— ?]. *Los percances de Q.*
Referencia: La misma que la ficha anterior.

875 Sancha, Antonio de. Prólogo a Q, *Obras* (M, 1791), t.I: viii, 540pp. ej: C, Y, W, BN

876 Sánchez, Alberto. "Aspectos de lo cómico en la poesía de Góngora", *RFE*, XLIV (1961), 95-138.
Se refiere muchas veces a Q.

877 ——. "Explicación de un soneto de Q para alumnos de bachillerato", *Revista de Educación* (M), XV, núm. 45 (1956), pp. 4-5. ej: H
Sobre el soneto "Érase un hombre a una nariz pegado".

878 ——. Prólogo (pp. 1-50), y notas extensas (pp. 369-608), a su

Quevedo

ed. de Q, *Prosa festiva* (M, 1949), 610pp. ej:C
Además de muchos escritos breves de Q, incluye *La hora de todos.*
Reseñas: Garciasol, R. de, *Íns,* V, núm. 51 (1950), 5. Segura Covarsí, E.,
Cuadernos de Literatura (M), V (1949), 310-11.

879 Sánchez Alonso, B. "Las poesías inéditas e inciertas de Q",
RBAMAM, IV (1927), 123-46, 387-431. ej: C, BN

880 ——. "Los satíricos latinos y la sátira de Q", *RFE,* XI (1924),
33-62, 113-53. ej: C, I
Reseña: Rodríguez Aniceto, C., *BBMP,* VI (1924), 384.

881 S[ánchez] C[antón, Francisco Javier]. "Un ruego a los lectores de Q", *Correo Erudito* (M), I (1940), 24. ej: F
Sobre el hecho de que Antonio Palomino, en su *Museo pictórico,* dice
que Q menciona "en un epigrama . . . a el pincel" al pintor Fernando
Yáñez.

882 Sanhueza Luco, Ana M. "La muerte en tres sonetos de Q",
Boletín de Filología (Santiago de Chile), XXII (1971), 117-
27.
Referencia y reseña: Moreno Alonso, M., *IHE,* XX (1974), 313, núm.
91.035. Sobre los sonetos "Cerrar podrá mis ojos la postrera", "Miré
los muros de la patria mía", y "Señor don Juan, pues con la fiebre
apenas".

883 Sanmartí Boncompte, Francisco. *Tácito en España* (B, 1951),
216pp. ej: Florida International University, Miami
Sobre Q como imitador de Tácito: pp. 111, 116, 128, 132-5.

884 Santacruz Revuelta, Pascual. "Tres devotos de Séneca", *Boletín de la Real Academia de Ciencias y Bellas Letras de Córdoba* (España), año XV, núm. 49 (1944), 121-36. ej: BN
Discurso de ingreso en la Academia de Córdoba. Los "tres devotos" son
Q (pp. 124-9), Schopenhauer, y Ganivet.

885 Sanz, Bienvenido. "Comentario a la obra de Francisco de Q,
La vida del Buscón don Pablos", Mujeres en la Isla (Palma de
Gran Canaria), núm. 15 (1956), p. 6.
Referencia: *RLit,* XII (1957), p. 133.

Sanz, Eulogio Florentino. Véase Rose, R. Selden.

886 Sbarbi, José María. "Dos sonetos: uno de Cervantes, y otro
de Q", *El Averiguador Universal,* época 4, t. I, núm. 2 (1879),
16-17. ej: BN
Sobre el soneto de Q, "Coronado de lauro, yedra y box", dedicado a
Diego Rosel y Fuenllana.

112

887 Schalk, Fritz. "Die Sentenzen Qs", *RF*, LVI (1942), 300-12.
ej: C, I

888 ——. "Qs 'Imitaciones de Marcial' ", *Festschrift für H. Tiemann* (Hamburgo, 1959), 202-12. ej: C, I

889 ——. "Über Q und *El Buscón*", *RF*, LXXIV (1962), 11-30.
Reseña: Llorente Maldonado de Guevara, A., *RFE*, XLVIII (1965), 437-8.

890 Schmidt, Bernhard. "Spanienbild und Nationalismus in Qs *España defendida*", *Iberoromania* (Munich), III (1971),16-43.
Referencia: *1973 MLA Int'l Bibl.*, II, p. 110, núm. 6848. Reseña: *YWMLS*, XXXIII (1971), 261, y XXXIV (1972), 214.

891 Schramm, Edmund. "Q und das Patrozinium des heiligen Jakob", *Jahrbuch für das Bistum Mainz* (Mainz), V (1950), 349-56. ej: Harvard
Reseña: *YWMLS*, XIV (1952), 139.

892 Schwartz Lerner, L. "El juego de palabras en la prosa satírica de Q", *Anuario de Letras* (México), XI (1973), 149-75.
Referencia: *NRFH*, XXIII (1974), 475, núm. 23-3650. Véase también Lerner, Lía S., que es la misma persona.

893 Sebold, Russell P. "Torres Villarroel, Q y el Bosco", *Íns*, XV, núm. 159 (1960), 3, 12. ej: C, I
Reseñas: Beser Ortí, S., *IHE*, VI (1960), 307, núm. 36.321. *YWMLS*, XXII (1960), 211.

894 ——. "Torres Villarroel y las vanidades del mundo", *Archivum* (Oviedo), VII (1957), 115-46. ej: C
Sobre Q, pp. 129-43.

894bis ——. "Un 'padrón inmortal' de la grandeza romana: En torno a un soneto de Gabriel Álvarez de Toledo", *Studia Hispanica in Honorem R. Lapesa*, t. I (M, 1973), pp. 525-30.
Referencia y reseña del artículo: *YWMLS*, XXXV (1973), 276 ("a brief analysis of sonnets by Álvarez de Toledo, Q, and Du Bellay").

——. Véase Torres Villarroel, Diego de.

895 Sedze, Henri. "Des droits et des devoirs du traducteur (Sur une traduction du *Buscón* de Q et d'une *Nouvelle exemplaire* de Cervantes)", *Iberia* (marzo, 1948), p. 22.
Referencia: *NRFH*, V (1951), núm. 6.133.

896 Segura Covarsí, E. *La canción petrarquista en la lírica española*

del Siglo de Oro (M, 1949), 333pp. ej: Florida International
University, Miami
Sobre Q, pp. 62-3, 207-12, y 308-11.

897 Semprún Gurrea, José María de. "Q humano", en su libro *Crítica varia. I. Humanismo español (Q). Socialismo ético (H. de
Man). Gente y personas* . . . (M, 1934), pp. 5-52. ej: BN
Comprende dos artículos, pp. 5-12, y 13-52, sobre aspectos generales
de Q.

898 —— [Nota sobre Q, y textos de Q], *Cruz y Raya* (M), año I,
núm. 5 (1933), 113-39. ej: H
La nota, pp. 113-18; los textos, pp. 119-39.

899 Serrano Castilla, Francisco. *Cervantes, Q, Menéndez Pelayo:
Recuerdos periodísticos* (La Coruña, El Ideal Gallego, 1953).
Se trata de un libro corto, que tenía en la BN la signatura, "Varios,
Caja 810, núm. 83", pero ya no se encuentra en ese sitio, ni se sabe su
paradero.

900 Serrano Poncela, Segundo. "Ámbitos picarescos", *Íns*, XVI,
núm. 171 (1961), pp. 1 y 14.

901 ——. *"El Buscón* ¿parodia picaresca?", *Íns*, XIII, núm. 154
(1959), 1 y 10.
Reseñas: Beser Ortí, S., *IHE*, VI (1960), 125, núm. 34.877. *YWMLS*,
XXI (1959), 172. También en su libro, *Del romancero a Machado*
(Caracas, 1962), pp. 87-102. ej: D

902 ——. "Estratos afectivos de Q", *Cuadernos del Congreso por
la Libertad de la Cultura* (París), núm. 34 (1959), 75-82.
ej: C, I
También en su libro, *El secreto de Melibea* (M, 1959), pp. 37-54(ej: I).
Reseña: Vicens Vives, J., *IHE*, V (1959), 82, núm. 29.680.

903 ——. "Los enemigos de Q", *Anuario de Filología* (Maracaibo),
II-III (1963-4), 235-51.
Referencia: *NRFH*, XVIII (1965-6), 669, núm. 18-7886.

904 ——. *"Los sueños"*, *PSA*, XXIII (1961), 32-61. ej: C, I
Reseña: Marfany García, J.L., *IHE*, IX (1963), 435, núm. 50.804.
También en su libro, *Del romancero a Machado* (Caracas, 1962),
pp. 103-24. ej: D

905 ——. "Q, hombre político. Análisis de un resentimiento", *La
Torre* (Puerto Rico), VI, núm. 23 (1958), 55-95. ej: I
Sobre Q en Italia entre 1613 y 1619; pero véase Crosby, "Q's Alleged
Participation". También en su libro, *Formas de vida hispánica*(M, 1963),

pp. 64-123. ej: D, BN

906 —. "Q y el Conde-Duque", *Íns*, XVII, núm. 185 (1962), 1-2.
ej: C
Antipatía recíproca, y Felipe IV quien ordenó la prisión de Q; véase
Elliott, J.H.

907 —. "Romances de ciego", *PSA*, XXV (1962), 241-81. ej: C,
I
Sobre Q, las pp. 246-7, 250, 259, 267, y 274.

908 —. "Unamuno y los clásicos", *La Torre* (Puerto Rico), IX
(1961), 505-35. ej: I
Sobre Q, pp. 520-2.

909 Serrano y Sanz, Manuel. "Cartas inéditas de Q", *RABM*, tercera época, IX (1903), 177-80. ej: D

910 —. "Censura de la 'Paráfrasis de la Odas de Anacreonte', de
D. Francisco de Q, por D. Casimiro Flórez Canseco, 1786",
capítulo III de su artículo, "El consejo de Castilla y la censura de libros en el siglo XVIII", *RABM*, tercera época, XVI
(1907), 206-18. ej: D

911 Shepard, Sanford. "Talmudic and Koranic Parallels to a Passage in Q's *Sueño de las calaveras*", *Philological Quarterly* (Iowa City), LII (1973), 306-7.

912 Sheppard, Douglas C. "Resonancias de Q en la poesía española del siglo veinte", *Kentucky Foreign Language Quarterly*,
IX (1962), 105-13. ej: C, Harvard

913 Sieber, Harry. "Apostrophes in the *Buscón*: An Approach to
Q's Narrative Technique", *MLN*, LXXXIII (1968), 178-211.
Reseña: *YWMLS*, XXX (1968), 214.

914 —. "The Narrative Art of Q in *El Buscón*". Tesis doctoral de
la Univ. de Duke, 257pp.
Hay resumen en: *DA*, XXVIII (1968), p. 4188A. Reseña (más bien
juicio a base de otras publicaciones): *YWMLS*, XXXI (1969), 213.

915 Sijé, Ramón. "El golpe de pecho, o de cómo no es lícito
derribar al tirano", *Cruz y Raya* (M), año II, núm. 19 (1934),
25-42. ej: H
Sobre Q, pp. 30-5, 38.

916 Silió Cortés, César. *Maquiavelo y el maquiavelismo en España*,
discurso de recepción en la Real Academia de Ciencias Morales

y Políticas (M, 1941), 128pp.
Incluye la contestación de Antonio Goicoechea. Sobre Q: pp. 38-50,
y 107-11. ej: C, BN

917   ——. *Maquiavelo y su tiempo: Repercusión del maquiavelismo
en las teorías y en las prácticas del gobierno* (M, 1946), 288 pp.
ej: BN, CSIC
Sobre Q, pp. 101-14.

918   Silva Pereira-Caldas, José Joaquim da. *Um soneto de Camões
em Q y Villegas imitado. Com antelóquio do Professor Pereira-
Caldas* (Braga, 1881), 6pp. ej: Harvard

Silverman, Joseph H. Véase Andrews, J. Richard.

919   Simón Diaz, José. "El coche de Q", *Revista Bibliográfica y
Documental* (M), I (1947), Suplemento 2, serie 1, pp. 10-11.
ej: F

920   ——. "El helenismo de Q y varias cuestiones más", *Revista de
Bibliografía Nacional* (M), VI (1945), 87-118. ej: C, I, W
Las pp. 87-98 se dedican a Q, y en ellas se publica el informe de
Flórez Canseco; véanse Bénichou-Roubaud, S., y Serrano y Sanz, M.

921   ——. "Los traductores españoles de Malvezzi", *RLit* (M),
XXVIII (1965), 87-93. ej: C
Entre ellos, Q.

922   ——. "Un chiste sobre el hábito de Q", *Revista Bibliográfica y
Documental* (M), II (1947), Suplemento 2, serie 3 [error por
4], p. 8. ej: F

923   Sobejano, Gonzalo. "En los claustros del alma: Apuntaciones
sobre la lengua poética de Q", *Sprache und Geschichte: Festschrift für Harri Meier zum 65. Geburtstag*, editado por Eugenio Coseriu y Wolf-Dieter Stempel (Munich, 1971), pp. 459-
92.
Referencia: *1972 MLA Int'l Bibl.*, II, p.103, núm. 6388.

924   ——. "Sobre la poesía metafísica de Q", *Tláloc* (Nueva York),
núm. 1 (1971), 15-18.
Referencia: *NRFH*, XXI (1972), 570, núm. 21-6902.

924bis Sobré, J.M. "Q's 'Afectos varios' ", *The Explicator* (Virginia
Commonwealth University, Richmond, Virginia), XXXIV, núm.
8 (abril de 1976), artículo núm. 59 (sin paginar). ej: C
Sobre el soneto "En crespa tempestad del oro undoso".

925 Socrate, Mario. " 'Borrón' e pittura 'di maccia' nella cultura letteraria del Siglo de Oro", *Studi di Letteratura Spagnola* (Roma: Società Filologica Romana), 1966 [1968], pp. 25-70. Sobre todo en Lope, Q, y Gracián. Referencia: *NRFH*, XX (1971), 205, núm. 20-1899.

926 Solana, Marcial. "Ideas de Q en torno a la hidalguía", *BBMP*, XXI (1945), 449-55. ej: C, BN, Y

927 Soldevilla Ruiz, Fernando. "Q", en su libro *Joyas de la literatura española con artículos biográficos y bibliográficos* (París, 1885), pp. 182-8. ej: I

928 Soler, Cayetano. *¿Quién fue D. Francisco de Q? Estudio psicológico* (B, 1899), 125pp. ej: C, BN, Columbia Univ., Nueva York
Reseñas: Altamira, Rafael, *Revista crítica de historia y literatura españolas, portuguesas e hispano-americanas* (M), IV (1899), 289-92. Mérimée, E., *BHi*, II (1900), 47-8.

929 Somers, Melvina. "Q's Ideology in *Cómo ha de ser el privado*", *H*, XXXIX (1956), 261-8. ej: C
Reseñas: Rubió Lois, J., *IHE*, III (1957), 127, núm. 16.896. *YWMLS*, XVIII (1956), 197.

930 Soons, Alan. "Los entremeses de Q: Ingeniosidad lingüística y fuerza cómica", *Filologia e Letteratura* (Nápoles), XVI (1970), 424-56. ej: Harvard
Reseña: *YWMLS*, XXXIII (1971), 280.

931 Spini, Giorgio. "La congiura degli spagnoli contro Venezia del 1618", *Archivio Storico Italiano*, CVII (1949), 17-53, y CVIII (1950), 159-75. ej: C

932 Spitzer, Leo. *La enumeración caótica en la poesía moderna*, traducido por Raimundo Lida (BA, 1945), 98pp.
Contiene estudios de Cervantes, Lope, Q y Calderón. Reseñas: Amaya Valencia, E., *BICC*, II (1946), 206-7. Casalduero, J., *HR*, XIV (1946), 354-7. Vázquez Cuesta, M.P., *RFE*, XXX (1946), 414-16. También en su libro *Lingüística e historia literaria* (M, 1955), pp. 295-355 (Q en las pp. 325-9, 338, 353). ej: C

933 ——. "Un Passage de Q", *RFE*, XXIV (1937), 223-5. ej: C
Sobre la descripción del camarín de Lucifer que empieza "Era un aposento curioso . . . ", y que se encuentra muy al final del *Sueño del Infierno.*

934 ——. "Zur Kunst Qs in seinem *Buscón*", *Archivum Romanic-*

um, XI (1927), 511-80. ej: C, I
Reseñas: Hatzfeld, H., *Literaturblatt für Germanische und Romanische Philologie* (Leipzig), L (1929), 277-9. Lida, R., *Sur* (BA), IV (1930), 163-72. También en el libro de Spitzer, *Romanische Stil- und Literaturstudien* (Marburg, 1931), II, pp. 48-125. ej: I
Hay traducción italiana, "L'arte di Q nel *Buscón*", en el libro de Spitzer, *Cinque saggi di Ispanistica* (Università di Torino, Facoltà di Magistero, 1962), pp. 129-220.

935 Stoll, Andreas. *Studien zur Aufnahme von Qs Pikaresken Roman in Frankreich: Der Aventurier Buscon des "Sieur de la Geneste" (1633), oder "Ein Jugendwerk Scarrons".* Tesis de la Universidad de Colonia, 1968.
Referencia: *NRFH*, XX (1971), 587, núm. 20-7929. Reseña: Krauss, W., *RF*, LXXXIII (1971), 637-8.

Suárez Rivero, Eliana. Véase Balseiro, José A.

936 Subirana, J. "El testamento original de Q", *Revista Crítica de Historia y Literatura Españolas, Portuguesas e Hispano-Americanas* (M), V (1900).
Referencia: *BHi*, IV (1902), 85. Pero en el ejemplar de (H), no hay rastro de ese artículo en el tomo citado, y faltan otros tomos en (H) y en (BN).

937 Suñé, Ricardo. *Albert Llanas: El Q catalán* (B, 1946), 169pp. Prólogo de Josefa Llanas. ej: I

938 Taléns [Carmona], Jenaro. "Para una lectura del *Buscón* de Q. I: La estructura narrativa", *Cuadernos de Filología* (diciembre de 1971), pp. 83-97.
Referencia: *1972 MLA Int'l Bibl.*, II, p. 103, núm. 6389.

939 Tamayo, Juan Antonio. "Cinco notas a *Los sueños*", *Med*, IV (1946), 143-60. ej: C, I
Sobre: 1. La décima "Murmurando, decir bien", en los preliminares de la ed. *Juguetes de la niñez*, atribuida a "Doña Raimunda Matilde"; 2. El soneto "Por el alcázar juro de Toledo", en los mismos preliminares; 3. El germen de la idea básica de *La hora de todos* (que el mundo amaneciera cuerdo un día), se puede ver en un pasaje del *Sueño del Infierno* y en otro de *El mundo por de dentro*; 4. El romance "El que quisiere saber", como sueño versificado; 5. Un paralelo entre el *Sueño del Juicio final*, y la canción "No os espantéis, Señora Notomía".

940 ——. "El texto de los *Sueños* de Q", *BBMP*, XXI (1945), 456-93. ej: C, BN, Y
Reseña: López Estrada, F., *RFE*, XXX (1946), 196-7. Bibliografía y estudio de los mss y los impresos.

941 ——. "Las ediciones ilustradas de los *Sueños* de Q", en *Aportación a la bibliografía de Q*, homenaje del Instituto Nacional del Libro Español en el III Centenario de su muerte(M, 1945), pp. 7-43. ej: C, Harvard
También en *Bibliografía Hispánica* (M), IV, núm. 12 (1945), 645-81. Referencia: *RBAMAM*, XV, 1946, 181. Reseña: López Estrada, F., *RFE*, XXIX (1945), 379-80.

942 Tapia, Luis de. Prólogo a su ed. de *Poesías escogidas de Q* (M, 1914), 334pp. (Colección Páginas Selectas de Literatura Castellana, t. III).
Referencia y reseña: *RFE*, II (1915), 63.

943 Terry, Arthur. "Q and the Metaphysical Conceit", *BHS*, XXXV (1958), 211-22.
Reseñas: Goffinet, E., y Hanchard, J., *LR*, IX (1955), 290-1. *YWMLS*, XX (1958), 201. Se basa en dos sonetos de Q: "En crespa tempestad del oro undoso", y "Cerrar podrá mis ojos la postrera".

943bis ——. Prólogo a *An Anthology of Spanish Poetry:Part II* (Oxford, 1968), li, 256pp.
Referencia y reseña: *YWMLS*, XXX (1968), 207. Excelente interpretación aclaradora sobre Góngora y Q.

944 ——. "The Continuity of Renaissance Criticism", *BHS*, XXXI (1954), 27-36.
Se ocupa de "La culta latiniparla". Reseña: Hanchard, J., y Goffinet, E., *LR*, IX (1955), 290.

944bis ——. *Two Views of Poetry* (Belfast, Irlanda, The Queen's University, 1964). ej: C
Sobre "Cerrar podrá mis ojos la postrera", las pp. 13-15.

945 Tersites (pseudónimo). *Don Francisco de Q: Narración histórica* (M, La Última Moda, [1898]), 32pp. (Glorias de España, núm. 21). ej: Hispanic Society of America (Nueva York)

946 Testas, Guy. "L'Enfer dans les *Songes* de Q". Tesis de la Univ. de París, 1965.
Referencia: *NRFH*, XIX (1970), 585, núm. 19.8147.

947 Thomas, Sir Henry. "The English Translations of Q's *La vida del Buscón*", *RHi*, LXXXI, Parte II (1933), 282-99. ej: I, Y

948 Tierno Galván, Enrique. "Notas sobre el barroco", *Anales de la Universidad de Murcia* (curso 1954-5), 109-29. ej: BN
Sobre Q, pp. 125-9.

949   Torre, Guillermo de. *Del 98 al Barroco* (M, 1969), 451pp.
Sobre Galdós, Pardo Bazán, Clarín, Valera, Espronceda, *Lazarillo*, *Guzmán*, y Q. Reseñas: Amorós, *Revista de Occidente* (M), XXX (1970), 124-6. Mainer, J.C., *Íns* (1969), núm. 277. Schweitzer, *H*, LIII (1970), 574. Shaw, D.L., *BHS*, XLVII (1970), 175-7. Referencia: *NRFH*, XXI (1972), 511, núm. 21-5139.

950   Torres León, Armando. "Cartas famosas: Q, a persona desconocida", *Educación* (San Juan, Puerto Rico), núm. 31 (1970), 71-4.
Referencia y reseña: Martín Gómez, C., *IHE*, XIX (1973), 354, núm. 87.137. Se trata de una carta escrita desde San Marcos de León, y dirigida a un tal Lucilio, sin duda un pseudónimo.

951   Torres Quintero, Rafael. "Perdurabilidad de Q", *RdI*, XXV (1945), 457-64. ej: I, Y

952   Torres Villarroel, Diego de. *Historia de historias, a imitación del "Cuento de cuentos" de Don Francisco de Q y Villegas* (sin lugar ni año), 12pp. ej: BN, 3/33225
Lleva una carta inicial fechada en Salamanca, 1736.

953   ——. "Recetas de Torres añadidas a los remedios de cualquier fortuna, y a las desdichas que consolaron Lucio Aneo Seneca y Don Francisco de Q", en su libro, *Sueños morales* (Salamanca, 1751), pp. 257-317. ej: BN, 3/50435

954   ——. *Visiones y visitas de Torres con don Francisco de Q por la Corte*, ed., prólogo y notas de Russell P. Sebold (M, Clás. Cast., CLXI, 1966), xcviii, pp. 272.
Reseñas: Campos, *Íns* (M), núm. 253 (1967), p. 8. Dowling, J.C., *HR*, XXXVI (1968), 174-7. Hathaway, R.L., *H*, LI (1968), 198. López Molina, Luis, *NRFH*, XX (1971), 149-53. Mercadier, *BHi*, LXX (1968), 546-50. Salvador Miguel, N., *La Estafeta Literaria* (M), núm. 366 (1967), 27 (ej: F). *YWMLS*, XXVIII (1966), 217.

955   ——. *Visiones y visitas de Torres con don Francisco de Q por la Corte* (edición anotada, en forma de tesis doctoral, Univ. de Tolosa).
Referencia y reseña: Andioc, René, *BHi*, LXV (1963), 414-15.

956   Tovar, Antonio. "Peregrinación quevedesca: Villanueva de los Infantes y la Torre de Juan Abad", *Clavileño*, VII, núm. 40 (julio-agosto, 1956), 68-71. ej: C, I.
También en su libro *Ensayos y peregrinaciones* (M, 1960), pp. 347-50.

957   ——. "Una frase eslava de Q", *Correo Erudito* (M), II (1941),

169. ej: F
La frase es, "No, hermano, te apartaste lejo", copiada en eslavo por Q en la *España defendida*, ed. Rose, *Bol. de la Real Acad. de la Hist.*, LXIX, 1916, p.153.

958   Trabazo, Luis. " 'Q vivo' y 'Q muerto' ", *Índice* (M), año XXIX, núm. 348-9 (1-15 marzo, 1974), pp. 54-6. ej: F

959   Turner, Albert M. "Another source [*El Buscón*] for the *Cloister and the Hearth* [novela de Charles Reade] ", *PMLA*, XL (1925), 898-909.

960   Uhagón y Guardamino, Francisco Rafael (Marqués de Laurencín). Prólogo (pp. 1-16), y ed. de Q, *El Caballero de la Tenaza* (pp. 72-80), en su ed. de Pedro Espinosa, *El perro y la calentura* (M, 1923), 80pp. ej: C
También en el *Boletín de la Real Academia de la Historia*, LXXXIII (1923), 245-320 (el prólogo, 245-56). Se reproduce el texto del ejemplar al parecer único de la primera ed. de las dos obras, de Cádiz, 1625, que se guarda en la Biblioteca Universitaria de Valencia; hay microfilm en (C).

961   Ulbrich, H. *Don Francisko de Q* (Frankfurt-am-Main, 1866), 111pp. ej: Univ. de California, Berkeley

962   Umbert, Pedro. *El triunfo del Ave María. Una estocada de Q. Tradiciones españolas* (B, 1912), 48pp. ej: BN
El artículo sobre Q ocupa las pp. 27-48, y versa sobre una supuesta acción en Madrid, jueves santo de 1616.

Urbano Carrere, Ramón A. Véase Díaz de Escovar, Narciso.

963   Uribe Echeverría, Juan. "Qs americanos", *Atenea* (Concepción, Chile), año XXII, núms 241-3 (1945), 132-46. ej: D

964   Urmeneta, Fermín de. "Sobre la estética gracianesca", *Revista de Ideas Estéticas* (M), XVI (1958), 217-23. ej: F
En el Apartado 3, "Antecedentes próximos", se habla de Q, pp. 219-22.

965   Valbuena Prat, A. "El diverso conceptismo de Q y Gracián", *Revista de la Universidad de Madrid*, XIX (1970), 249-69.
Referencia: *NRFH*, XXI (1972), 570, núm. 21-6900.

966   Valdés, José León. "Gacetillas. Padrón Glorioso", *La Discusión* (M), año VII, núm. 2596 (9 de junio, 1864), p. 3. ej: H, C
Comenta y lamenta el autor la noticia de que el Ayuntamiento va a demoler "la casa que habitó Q en la calle del Niño".

967 Valente, José Ángel. "A don Francisco de Q, en piedra", *PSA*, XV (1959), 313-16.
Versos a un monumento a Q, ¿en Ginebra?

968 Valera, Fernando. "Reinvención de D. Francisco de Q: Cuatro cartas literarias a Luis Capdevila", *Cuadernos del Congreso por la Libertad de la Cultura* (París), VII, núm. 34 (1959), 65-74. ej: C
Reseña: Vicens Vives, J., *IHE*, V (1959), 82, núm. 29.679. Sobre la identificación de Lisi.

969 Valera, Juan. "Obras de D. Francisco de Q y Villegas" [redactado en M, 1859], en sus *Estudios críticos sobre filosofía y religión*, tomo XXXIV de sus *Obras completas* (M, 1913), pp. 179-233. ej: BN
También: *Obras* de Valera (M, Aguilar, 1942), pp. 1422-39. ej: BN

970 Valladares de Sotomayor, Antonio. "Advertencia al lector", en su *Semanario erudito* (M, 1787), I, pp. [3-6]. ej: I, Y, BN
Sobre las obras inéditas de Q que se publicaron en este tomo. También en tirada aparte: *Obras morales, políticas y jocosas de Don Francisco de Q y Villegas* (1788), 274pp. ej: C, Y, BN

971 ——. *Nuevo Semanario Erudito* (M, 1816). ej: BN
Nota biográfica sobre Q, t. I, pp. 3-8.

972 Vallina Velarde, Faustino de la. "Comentarios en torno a un párrafo de Q", *BBMP*, XXI (1945), 526-9. ej: C, Y, BN
Sobre el párrafo "Todo lo crió Dios . . . ", de *La cuna y la sepultura*, BAE, XLVIII, p. 80.

973 Van Praag, Jonas Andries. "Een hollandsch Epigoon van Q: Salomon van Rusting", *Neophilologus*, XXIII (1938), 394-401. ej: I, Y

974 ——. "Ensayo de una bibliografía neerlandesa de las obras de don Francisco de Q", *HR*, VII (1939), 151-66. ej: C

975 ——. "Los *Protocolos de los sabios de Sión* y la *Isla de los Monopantos* de Q", *BHi*, LI (1949), 169-73. ej: C, I, BN
Reseña: Batis, Huberto, *NRFH*, XII (1958), 455.

976 Varela Jácome, Benito. Prólogo y notas a su ed. de Q, *España defendida. Opúsculos festivos* (Santiago de Compostela, s.a.), 18, 148pp. ej: C
Reseña: Hermenegildo, A., *RLit*, XII (1957), 122.

977 Vázquez de Castro, Isabel. "Estilística y sintaxis en *La hora de*

todos". Tesis de la Univ. de Madrid, 1958.
Referencia: *NRFH*, XVIII (1965-6), 670, núm. 18-7900.

978 Vegue y Goldoni, Ángel. "Q y las bellas artes", conferencia, 30 de marzo, 1915.
Referencia y reseña: *Boletín de la Sociedad Española de Excursiones*, año XXIII, segundo trimestre (1915), 151-2. ej: BN (sign. 6i/5816)

979 Veracia, Gerónimo de. *El finado vindicado. Rayo apologético; desprendido de la región del Juicio, sobre las torres fantásticas del piscator de Salamanca. A cuya luz se descubren en sus visiones y visitas las injurias hechas a Don Francisco de Q y Villegas* (M, 1728), 68pp. ej: BN (sign. R/23977, núm. 7)

980 Veres d'Ocón, Ernesto. "La anáfora en la lírica de Q", *Boletín de la Sociedad Castellonense de Cultura* (Castellón de la Plana), XXV (1949), 289-303. ej: C, BN

981 ——. "Notas sobre la enumeración descriptiva en Q", *Saitabi* (Valencia), IX (1949), 27-50. ej: C, N, BN

982 Verspoor, Dolf. *Okeren Sonetten van Q* (Amsterdam, 1964), 32pp.
Reseña: Daal, L.H., *Filología Moderna* (M), IV (1965), 118-19. Referencias: *NRFH*, XIX (1970), 325, núm. 19-3991, y *RLit*, XXIX (1966), 297, núm. 30.984. Véase el núm. 214.

983 Vila Selma, José. "Humanismo en el *Buscón*: Notas para su estudio", *Med*, IV (1946), 161-71. ej: C, I

984 Vilanova, Antonio. "El tema del 'Gran teatro del mundo' ", *Boletín de la Real Academia de Buenas Letras* (B), XXIII (1950), 153-88. ej: BN
Cómo y dónde trata Q este tema: pp. 171, 174-5, 178-9.

985 Viñas, Th. "Traducciones latinas", *BBMP*, VII (1925), 409-10. ej: D
Contiene un texto del soneto "Miré los muros de la patria mía",y una traducción del soneto al latín.

986 Viñaza, Conde de la (Cipriano Muñoz y Manzano). Discurso de recepción, el 16 de junio, 1895, sobre la poesía satírico-política en España, en *Discursos leídos en las recepciones públicas de la Real Academia Española* (M, 1948), pp. 225-96. Contestación de Alejandro Pidal y Mon, pp. 297-315. ej: C
Sobre Q: pp. 282-6. Reseña: Gómez Baquero, Eduardo, *La España Moderna* (M), año VII, t. LXXIX (1895), 132-6.

987   Viqueira Barreiro, José María. "Q contra el Conde-Duque de
       Olivares en un drama romántico", *O Instituto* (Coimbra),
       CXIV (1950), 199-230. ej: I
       El drama es de Eulogio Florentino Sanz; véase Rose, R. Selden.

988   Vives Coll, Antonio. "Algunos contactos entre Luciano de Sa-
       mosata y Q", *Helmántica* (Salamanca), V (1954), 193-208.
       ej: C, I
       Recoge los paralelos entre Luciano y los *Sueños*, el *Infierno enmendado*,
       y *La hora de todos*.

       Von Jan, Eduard (véase Jan, Eduard von).

989   Wagner de Reyna, Alberto. "Q ante la vida y la muerte", *Rea-
       lidad* (BA), VI (1949), 154-76. ej: I, Y
       Referencia y traducción alemana, de Gred Ibscher Roth: "Die Philo-
       sophie der Enttäuschung des Francisco de Q", *Deutsche Vierteljahrs-
       schrift für Literaturwissenschaft und Geistesgeschichte* (Tübingen), XXX,
       núm. 4 (1956), 511-25. ej: C, I
       Reseña: *YWMLS*, XVIII (1956), 191.

990   Wahl, Jürgen. "Crítica y comentario a su edición de Q, *Dis-
       curso de todos los diablos o Infierno enmendado*". Tesis de la
       Univ. de Bochum, 1970.
       Referencia: *NRFH*, XXI (1972), 571, núm. 21-6916.

991   Walters, D.G. "The Theme of Love in the *Romances* of Q",
       en el libro, *Studies of the Spanish and Portuguese Ballad*, edi-
       tado por N.D. Shergold (Londres, 1973), pp. 95-110. ej: C, D
       Reseña: *YWMLS*, XXXV (1973), 239.

992   Wast, Hugo. *Vocación de escritor* (BA, 1946), 359pp. ej: I
       En las pp. 140-2, un análisis del terceto "¿No ha de haber un espíritu
       valiente?" de la *Epístola satírica y censoria* de Q.

993   Williams, Robert H. *Boccalini in Spain: A Study of His Influ-
       ence on Prose Fiction of the Seventeenth Century* (Menasha,
       Wisconsin, 1946), 139pp.
       El capítulo III trata de ocho imitadores de Boccalini, y de Q como su
       rival: p. 40. Referencia y reseñas: Bertini, G.M., *QIA*, II (1951), 144.
       González López, Emilio, *RHM*, XIV (1948), 310-11. Luciani, Vincent,
       HR, XV (1947), 473-5.

994   Williams, William Carlos. Prólogo a su traducción de *The Dog
       and the Fever* (Hamden, Connecticut, 1954), 39, 96pp. ej: C
       Williams atribuye la novela a Q.

995   Wilson, Edward M. "Modern Spanish Poems. I. Guillén and Q

on Death", *Atlante* (Londres), I (1953), 22-6. ej: C
Sobre los sonetos, "Miré los muros de la patria mía", y "Todo tras sí lo lleva el año breve". Reseña: *YWMLS*, XV (1953), 157 y 182.

996 ——. "Guillén and Q on Death: Postscript", *Atlante*(Londres), II (1954), 237-8. ej: C

997 ——. "Q for the Masses", *Atlante* (Londres), III (1955), 151-66. ej: C
Sobre varios poemas de Q que se publicaron en pliegos sueltos. Reseñas: Rubió Lois, J., *IHE*, III (1957), 127-8, núm. 16.897. *YWMLS*, XVII (1955), 198.

998 ——. "Samuel Pepys's Spanish Chap-Books. Part II,no. 35/70", *Transactions of the Cambridge Bibliographical Society* (Inglaterra), t. II, parte 3 (1956), 254-5. ej: D
Descripción de un pliego suelto de Q. Reseña: *YWMLS*, XVIII (1956), 187.

——. Véase Blecua, J.M., *Lágrimas.*

999 Winter, J. Calvert. "Notes on the Works of Francisco Santos", *H*, XII (1929), 457-64.
Sobre Santos como imitador de Q.

999bis Woodhouse, William W. "El soneto de Q, 'Mientras que fui tabiques y desvanes', sobre la Plaza Mayor de Madrid", *Villa de Madrid* (M), año XIII, núm. 47 (1975-II), 25-36. ej: C

1000 Ynduráin, Francisco. "El pensamiento de Q", Discurso de apertura del curso 1954-5, Univ. de Zaragoza (Z,1954),50pp. ej: C
Reseñas: Entrambasaguas, J., *RLit*, VI (1954), 357-60. Espinosa, M.C., *Clavileño*, VI, núm. 36 (1955), 78-9. Molas Batllori, J., *IHE*, II (1955), 183, núm. 8518.

1001 ——. "Refranes y 'frases hechas' en la estimativa literaria del siglo XVII", *Archivo de Filología Aragonesa* (Zaragoza), VII (1955), 103-30. ej: C, I
Sobre Q: pp. 103-22, 127-30. Reseña: *YWMLS*, XVIII (1956), 185.

1002 Zamudio de Predan, Josefa A. "La metáfora del 'Teatro del mundo' en Q", *Cuadernos del Sur* (Bahía Blanca, Argentina), núm. 5 (1966), 23-6. ej: Harvard
Se limita a los *Sueños*. Reseña: María Carmen Franco Rodríguez, *IHE*, XIII (1967), 123, núm. 65.111.

1003 ——. "Las denominaciones de la muerte en los sonetos de Q",

Actas de la II Asamblea Interuniversitaria de Filosofía y Literaturas Hispánicas (1968), pp. 246-8.
Referencia: *RLit*, XXXIII (1968), 209, núm. 36.729.

1004 Zardoya, Concha. "El tema del sueño en la poesía de Q", *Sin Nombre* (San Juan), año I, Vol. I, núm. 2 (1970), 15-27.
ej: Harvard

1005 Zavala, Iris M. "La muerte en la poesía de Q. Tema del siglo XX", en su libro *La angustia y la búsqueda del hombre en la literatura* (México, 1965), pp. 41-60. ej: I

1006 Znamerovskaia, T.P. "Velázquez y Q", *Vestnik Istorii Mirovoi Kul'tury* (Moscú), núm. 5 (1961), 106-17. ej: I

ÍNDICE DE LAS OBRAS DE QUEVEDO

Quedan explicados en el Prólogo los criterios y los propósitos de este índice. Van entre comillas los versos iniciales de las poesías, y en letra cursiva los títulos de las obras en prosa, así como los de algunos poemas largos y de las traducciones en verso. Identificamos los poemas apócrifos de acuerdo con las normas de la edición de la *Poesía original* de José Manuel Blecua (Barcelona, 1968).

Índice

ÍNDICE ONOMÁSTICO

Quedan explicados en el Prólogo los criterios y los
propósitos de este índice

Índice

Índice

ÍNDICE DE LOS INDIVIDUOS
QUE HAN RESEÑADO LIBROS SOBRE QUEVEDO,
O EDICIONES DE SUS OBRAS

Se registra primero el nombre del individuo que escribió la reseña; siguen dos puntos, y luego el nombre del autor del libro, o editor de la obra quevediana correspondiente, lo cual permite al lector identificar a los dos interlocutores (Dámaso Alonso sobre Américo Castro; Alonso, Dámaso: Castro, A.). Por último, se consigna el número de la ficha. El capítulo de *YWMLS* sobre la literatura del Siglo de Oro suele ser redactado por dos o tres críticos, y es difícil o hasta imposible averiguar la autoría de las reseñas individuales. Por lo tanto, las registro como anónimas. Señalo con asterisco algunas reseñas significativas, de acuerdo con los criterios mencionados en la Introducción. A fin de reducir, en parte, la presencia de mis preferencias personales en la presentación de ciertas controversias, señalo con asterisco no sólo las reseñas que representan un punto de vista determinado sino también las que representan otros puntos de vista discrepantes, esperando ofrecer al lector un cuadro que sea relativamente pluralista.

Índice

Índice